企业股权

实务操作与案例精解

张志峰 | 著

中国法制出版社
CHINA LEGAL PUBLISHING HOUSE

前　言

近两年，受新冠肺炎疫情影响，很多单位提倡居家办公。之前，有很多企业家向笔者咨询股权问题，因此笔者在3个微信群里分享股权法律知识，至今已持续两年，3个微信群的人数也超过了千人。在这两年，笔者翻阅了大量的法律书籍，整理了大量的案例，借此机会，集结出书，供大家参考借鉴。

这是一本写给企业家的书。如何进行股权架构的设计？怎样才能通过股权激励激发员工的战斗力？如何找到合适的合伙人？如何通过股权进行融资？……这些都是企业家非常关心的问题。

我们可以把股权看成一种资产。对一家公司来说，最值钱的资产就是公司的股权，公司的估值就是股权的价值。股权这种资产，运用好了，能让公司的发展如虎添翼。本书的目的就是让企业家更好地认识股权和运用股权。

本书包括五章：

第一章：股权结构设计。股权结构设计对公司发展至关重要。科学合理的股权结构可以保障企业的稳定发展，有利于公司融资并进入资本市场。

第二章：公司治理应用。公司治理主要涉及创始人、经理人和投资人之间的合作与制衡。成功的公司各有各的秘籍，但无一例外都有着良好的公司治理。

第三章：股权激励设计。如何通过股权激活企业的活力，让员工全力以赴地为企业去奋斗？本章会涉及股权激励模式的设计、股权的授予与退出以及如何防范法律风险等内容。

第四章：合伙人制度。究竟什么是合伙人制度？为什么需要合伙人制度？什么样的企业能够做合伙人制度？笔者会在这一章中一一解读。

第五章：股权融资破局。对于一些中小企业来说，上市还显得很遥远，但融资却是当下最需要解决的事情。缺钱是创业公司的常态。因此，企业发展通常需要融资，需要借助外部资本的力量。

书中难免有疏漏和不足之处，希望大家不吝赐教，以便及时修订。

张志峰

2022年9月1日 北京

目录 CONTENTS

1

第一章

股权结构设计

第1节　股权结构决定企业的未来

创业的基础有两个：一个是团队，另一个是股权结构。股权结构不合理的公司一定做不大。可见，股权布局对企业来说非常重要。创业者一定要在创业初期就做好股权布局，以免埋下隐患。

企业在成立的时候，股权设计和股权分配会关系到企业未来的生死存亡。股权设计好了，可以很容易地吸引到风险投资，也很容易把企业做大做强；股权设计不好，可能不但没有人愿意投资，即使你企业做得再大，也有可能一夜之间就一无所有。

成立公司，我们就要找到合伙人，找合伙人就涉及股权结构的设计。合伙人股权结构对于中小企业来说是至关重要的。科学合理的股权结构不但可以明晰合伙人之间的权责利，保障企业的稳定发展，还有利于企业融资和进入资本市场。科学合理的合伙人股权结构是企业稳固的基石，它可以保证企业长久稳定的发展。

如果公司股权结构的设计有问题，那么股东之间可能争权夺利。这对股东来说，有可能带来灭顶之灾；对企业来说，也会元气大伤。我们来看一个案例。

案例1

甲餐饮公司的潘某1和蔡某之争十分惨烈，他们两个人本来是姻亲，最后却不欢而散。蔡某甚至弄得妻离子散，锒铛入狱。而引起这一切最初的原因，只有简单的两个字：股权。

甲餐饮公司的前身是潘某1开的一家甜品店。1994年，他的姐姐潘某2和姐夫蔡某加入。这样，股权结构就变成了潘某1占50%，姐姐潘某2和姐夫蔡某各占25%，店铺更名为某餐饮公司。

2006年，蔡某和潘某2协议离婚，潘某2放弃了自己25%的股权。这样，潘某1和蔡某两人的股权由此变成了各占50%。

2007年10月，两家私募股权投资基金投资餐饮公司，当时甲餐饮公司的估值高达50亿元，两家投资公司各投了1.5亿元，各占3%的股权。蔡某和潘某1的股权比例也由50%摊薄到47%。

两个股东各占47%并不是一个理想的股权结构。2010年，潘某1说要卖掉他的股份。蔡某觉得这是好事，于是从银行借了3760万元，另外还从甲餐饮公司借了3600万元，给了潘某17000多万元，要收购他的餐饮公司股份。潘某1之后举报蔡某私自挪用资金。

法院认定，蔡某在2009年至2010年，从甲餐饮公司侵占、挪用3000多万元资金，分别构成职务侵占罪、挪用资金罪，判处蔡某有期徒刑14年。最后，潘某1取得了餐饮公司的控制权。

这场公司争夺战虽然落下了帷幕，但是要分析它深层次的原因，还是因为创业伊始，股权架构不合理。

这第一方面是股权结构的问题，第二方面是人的问题。

我们再来讲一个案例，在这个案例中，企业的股权结构没有太大的问题，但最后问题出在了人身上。

案例2

2012年4月，申某与朱某、孙某、罗某4人创办了某信息科技有限公司，当时的股权比例为：55% ∶ 15% ∶ 15% ∶ 15%。

2012年12月，罗某、申某合作推出脱口秀节目。于是，罗某开始在优酷上每周更新他的知识型脱口秀节目，公众号每天早上6点准时推送一段他的60秒语音。

在节目取得成功的同时，公司也在进行调整：2013年12月，朱某、孙某两位股东退出，剩下申某和罗某，申某持股82.35%，罗某持股17.65%。

脱口秀节目在商业上取得阶段性成功，成为中国互联网知识社群知名品牌，引起投资人的关注。罗某是台前明星，申某是幕后英雄。当节目成功后，各种资源会转过来找罗某。

申某和罗某的股权比例已经无法平衡双方的利益，于是双方“分手”。2014年，罗某注册科技公司，脱某加入，共同经营脱口秀节目。

2016年5月，“某到”APP正式上线，至此，脱口秀节目正式开始其在知识付费领域“跑马圈地”的历程。2017年9月，脱口秀节目宣布完成D轮融资，估值高达80亿元。

通过上述某信息科技有限公司这个案例，我们总结出以下几点：

一、分清公司股东关系与项目利益关系

在罗某与申某的合作中，公司主体下除了脱口秀节目这个项目之外，还有一个子公司、多个其他项目，而罗某只参与脱口秀节目的工作，但也分享公司主体下的子公司、其他项目的利益，如不分清公司利益与项目利益，就容易导致各方由于对利益分配的认知不一而发生矛盾。

二、对资金定价，也要对人力定价

在申某与罗某的合作中，他们的股权比例应该是他们一开始就认可的。项目成功后，他们为什么发生分歧？这是因为在项目前期资金较为重要，容易忽略对人力投入的定价。项目成功后，如有人会觉得人力起的作用很大，就容易产生心理不平衡，进而导致“分手”。

三、对资金投入和人力投入要区别对待

资金投入通常是一次性到位，比如出资50万元，计算为出资额50万元

而占股权。而人力投入通常是持续不断的，比如第一年为公司工作，第二年、第三年……还继续为公司工作。

给人力定价时，如果只计算第一年的投入，明显不公平，不利于激励创始人的继续投入；如果一次按五年投入计算，也明显不合理。对人力的定价，应考虑投入时间和投入程度进行动态调整，以反映人力实际投入的价值，更好地激励创始人把公司带向更好的方向。

四、选对合伙人也非常重要

比如，脱某的加入提升了脱口秀节目的管理水平，加速了脱口秀节目的变现之路。

五、合伙人的退出机制

没人能保证一开始就选对相伴终生的合伙人，所以在公司还不值钱时谈好退出机制非常重要。有不少企业就没约定好合伙人的退出机制，在投资人给出高估值后，因退出价格谈不拢而发生严重分歧。最后，合伙人反目，错失投资。也正因如此，有人认为，创业应先上股权课。申某和罗某的“分手”，也许是有人对利益作了让步，才能在项目有良好发展前景时还能和平“分手”。但这是运气，不是惯例。

下面再回到我们的主题：股权合伙。大家先要明白股东和合伙人有什么区别。

从法律上讲，持有公司股权的自然人或机构叫股东，股东是公司的出资人或投资人。公司包括有限责任公司和股份有限公司。合伙人是指在合伙企业中对合伙企业的债务承担责任的自然人、法人和其他组织。承担无限连带责任的叫普通合伙人，以出资额为限承担责任的叫有限合伙人。这是狭义的合伙人。

而广义上讲的合伙人，其实就是几个人想一起做件事，成立一个公司，那这几个人都叫合伙人。如果他们都向公司出资或者持有公司股份，那他们同时也是公司的股东。一般的合伙人都会成为公司的股东，只不过他们在享全部权利还是部分权利上有所区别。所以，广义的合伙人是公司股权的持有者。主要包括合伙人团队（创始人和联合创始人），还包括员工和外部顾问，还有投资方。本书后面所涉及的合伙人，主要是讲广义上的合伙人概念，即公司股权的持有者。

既要有创业能力，又要有创业心态，还要有三年到五年的全职投入预期，这样的人才能成为公司的创始人或者联合创始人。需要说明的是，合伙人是要在公司未来相当长的一段时间内能全职投入预期的，因为创业公司的价值是经过公司所有合伙人一起努力，在一个相当长的时间后才能实现的。因此，对于中途退出的联合创始人，在他从公司退出以后，就不应该继续作为公司的合伙人存在并享有公司发展的预期价值。所以说，找对合伙人对企业的发展至关重要。

第2节 合伙人的是与非

我们要找对的合伙人。那么，我们先来看看对的合伙人拥有的品质是什么。

一、要彼此信任

创业者在找合伙人时，先要考虑的是你是否信任他、他是否信任你。如今很多企业创业失败，也许并不是因为创业项目和企业发展方向导致的，更多的是合伙人之间缺乏信任。

案例3

甲餐饮公司和乙餐饮公司有很多相似的地方：第一，它们都做餐饮；第二，它们最初的股权结构都是两个股东各占50%的股权。

先说甲餐饮公司。潘某和蔡某各占甲餐饮公司50%的股权。两个人本来是姻亲，最后却不欢而散。尽管最后潘某掌权，甲餐饮公司也因内部消耗而融资不畅、上市受挫、估值大幅缩水。

再说乙餐饮公司。乙餐饮公司是张某夫妇和施某夫妇各占50%的股权。2007年正是乙餐饮公司快速发展的时候，但张某却让施某下岗。这还没有结束，施某离开乙餐饮公司后，张某又以原始出资额的价格从施某的手里买了18%的股权。最后，张某成了乙餐饮公司68%的绝对控股股东，超过了总股本的2/3。

施某同意将股权原价转让给张某。实际上，这说明了他的豁达和大格局。后来的事实证明了他的选择是正确的。乙餐饮公司在后期发展中势如破竹，乙餐饮公司于2018年成功上市，市值可观。这个结果与张某的管理能力密不可分。当然，施某也功成身退，享受股权收益。

和甲餐饮公司相比，乙餐饮公司的张某和施某都是最后的赢家，这就是相互信任的结果。

我们要明白这样一个道理：如果创业成功了，事业做到了，那么即使只占有1%的股权，分到手的也会很多；如果创业失败了，就算有99%的股权，也是毫无价值的。

二、要志同道合，有共同的价值观

如果合伙人之间存在经营理念、商业常识、合作意识、价值判断、投资理念上的重大差异，那么将很难在公司达成一种共识，这是导致合伙人矛盾的严重隐患。

案例4

曾经，黄某是某电器公司真正的当家人，陈某是某电器公司的职业经理人，也是第二大股东。股权一直是黄某最关注的问题，也是多名高管一直没有得到的。而陈某推出的一份股权激励计划，就得到了几乎所有老员工的认可。

当然，黄某不同意陈某取得公司控制权。为此，黄某通过增持保持了33.98%的持股比例。随后，在2010年5月，黄某夫妇通过手中掌控的表决权，在某电器公司召开的股东周年大会上，对12项决议中连续投了5项否决票，导致部分议案没有通过。2010年9月召开了某电器公司股东大会，黄某要求撤销陈某董事局主席职务，这个提案没有通过，但他取消了董事会增发授权，保全了自己大股东的地位。而到2011年3月，陈某辞去了某电器公司董事局主席一职。

按照惯常的思维，决策层或管理层作为公司的行政机构，应当听从最大的股东。但通过上述案例，我们看到陈某、黄某是在价值观上出了问题。

三、一定要具备契约精神

契约精神产生于商品交易高度发达的社会，是合伙人股权分配最核心的原则。股权一旦确定，也就意味着利益分配机制定好了，每个人都要尽最大努力为共同的事业奋斗。这是最基本的要求，而不是时刻考虑自己所占的股权比例和贡献度。

对的合伙人一定要彼此信任，有共同的价值观和共同的目标，还要具备契约精神。我们去哪里找对的合伙人呢？我们看看下面案例的某教育集团公司是怎么找到的。

案例5

某教育集团公司的总部位于北京市海淀区中关村，是规模很大的综合性教育集团。公司于2006年在美国纽约证券交易所上市。

某教育集团公司是由李某成立的，曾是教育培训领域的领头羊。某教育集团公司的三位合伙人分别是李某、徐某和王某。李某参加了三次高考才考上北大，但是他有上进心，足够努力。而徐某是著名的留学签证咨询师，是一个充满激情的人。王某是美国纽约州立大学计算机科学硕士，虽然有点理想主义，但是足够冷静。这样性格互补的三个人共同开创了某教育集团公司。

在对国内市场的把控上，李某比徐某、王某强，但是在英语水平和对国外的了解上，李某不如他们。三人结合，弥补了各自的不足。找到了合适的合伙人，就可以大干一场了，最终他们打造了庞大的某教育集团公司。

基于同学和朋友关系的合伙人团队相互了解，分工明确，各有所长。相互信任且价值观一致，是很容易形成理性的、标杆式的合伙人团队。

所以，创始人要找合伙人一般是基于创始人的同学、同事、朋友、同乡、同行或亲戚等亲密关系的圈子，这才是合伙人人选的关键来源。对于中小企业创业人来说，也是靠谱、高效的，同时也是成本较低的方式。

那么，哪些人不应该成为公司的合伙人呢？

第一类是资源提供者。很多创业者在创业早期可能需要借助很多资源，这个时候最容易给早期的资源提供者许诺股权，把资源提供者变成公司的合伙人。创业公司的价值需要整个创业团队长期投入时间和精力去实现。因此，对于只是承诺投入资源但不全职参与创业的人，建议优先考虑按项目提成谈利益合作，而不是股权绑定。

第二类是技术很好但不全职参与创业的兼职人员。对这类人最好按照公司外部顾问的标准发放少量的股权，而不应按照合伙人的标准发放股权。兼职人员都是短期利益的追求者，不全职投入公司的工作就不能算是创始人。他们边干着自己的全职工作，边帮公司干活，因此可以给他们拿工资，但不要给他们股份。

第三类是投资人。投资人是可以拥有企业股权的，但是不能以合伙人的方式占有公司的股权，也就是说投资人不能跟合伙人一样，按照出资比例取得公司的股权，他们购买股权的价格要比合伙人高。因为创业投资的逻辑是，投资人投大钱占小股，用真金白银买股权。而创业合伙人是投小钱占大股，通过长期全职服务公司赚取股权。简言之，投资人是只出钱不出力。创始人既出钱又出力，虽然是少量的钱，但也要出力。因此，投资人的股票购买价格应该比合伙人高，不应按照合伙人的标准获得股权。

投资人成为合伙人这种情况最容易出现在组建团队开始创业时，创始团队和投资人根据出资比例分配股权，投资人不全职参与创业，而只是投资，部分资源占据了创业团队的过多股权，不利于公司的长远发展。

第四类是早期的普通员工。给早期的普通员工发放股权会带来两个方面的问题，一方面公司股权激励的成本很高，因为公司此时还不值钱；另一方面激励的效果也很有限。在公司早期，给单个员工发5%的股权对员工很可能起不到激励的效果，他甚至会认为公司是在“画大饼”，成了负面激励。但是如果公司在中后期，比如B轮融资以后给员工发放激励股权，很可能5%的股权就能解决500人的激励问题，而且激励的效果特别好。

所以，像资源提供者、兼职人员、投资人、早期的普通员工不能成为公司的合伙人。

最后一个问题：当合伙人的股权和他的贡献不匹配的时候，应如何处理?

公司的股权是一次性发给合伙人的，但合伙人的贡献却是分期到位的，确实很容易造成股权与贡献不匹配。为了对冲这种风险，我们可以考虑以下几种方式：

第一，合伙人之间，可以先“恋爱”后“结婚”。在合伙人进入企业时，企业可以和合伙人签订协议。明确合伙人的最短合伙期限，比如一年，在这个期限内，合伙人的股权可以由创始人代持或者分期发放给合伙人。

第二，在创业初期预留较大的期权池，给后期的股权调整预留空间。据了解，大的期权池会给企业调整合伙人股权留有空间。企业可以对那些为企业作出巨大贡献的合伙人增股，也可以吸引更多有能力的合伙人加入企业。

第三，可以为合伙人设计股权分期成熟与回购机制，对冲这种不确定性带来的风险。

第3节　股权结构的九条控制线

很多企业都或多或少地面临一些股权的问题，如股权分配随意，盲目承诺股权，股权变动频繁，股权激励失效，小股东难清退，对赌协议漏洞，股权严重分散，股东抗衡以及股权失控等。这些问题有些是很容易解决的，有些是需要成本来解决的，有些则难以解决。

股权是一个公司保持稳定的根本，也是公司顶层设计的核心内容。它和公司治理、股权激励、股权融资以及公司上市息息相关。很多中小企业忽视股权的重要性，没有将股权设计摆在应有的战略高度上，缺乏对股权的管理和设计。

股权结构设计的第一步是要清楚股权包括哪些权利。股权包括11项权利：资产收益权（分红权和增值权），参与决策权（表决权），股东身份权，选择、监督管理者权，知情权，提议权，优先购买权，回购请求权，权利损害救济权，违法行为阻止权，请求解散权。这些权利有些是可以分离的，可以应用到股权结构和股权激励中，其中4个最基本的权利是所有权、控制权、分红权和增值权。

正常情况下，这4项权利是统一的。一个股东拥有一家公司51%的股权，就会拥有51%的控制权，也是投票权，还有拥有51%的分红权和资本增值权。这实际上就是同股同权，本节股权结构的九条控制线就是在同股同权的前提下讨论的。

在股权融资和股权激励的方案中，拿出多少比例的股权是一个关键问题，这不但涉及估值的问题，还涉及控制权的问题。而对于企业的创始人来说，了解不同比例的股权代表不一样的控制权，是股权结构设计中必须掌握的第一个关键问题。

第一条控制线是持股比例67%这条线，叫完全控制线，也叫绝对控制线。

持有公司2/3以上的股权，基本上就拥有了公司的绝对控制权，公司的任何重大事项都可以决定，没有必要看其他股东的脸色。67%的股权比例是将2/3算成百分数之后四舍五入得来的，如66.7%、66.67%，都属于2/3以上。仅从对公司的控制权角度看，67%的股权比例和100%的股权比例是没有任何区别的。

根据规定，以下事项必须经过代表2/3以上表决权的股东同意：修改公司章程；增加或者减少注册资本；涉及公司合并、分立以及解散；变更公司形式的决议，比如公司准备筹划上市或者是有限责任公司要改制成股份有限公司等；公司上市一年内购买、出售重大资产或者担保金额超过公司资产总额30%的决议。这些决议都需要代表2/3以上表决权的股东同意才能通过。

简言之，掌握了持股比例67%这条线，就能控制股东会的决策，进而控制公司。公司的决策权就可以完全掌握在手里了。

案例6

某汽车平台公司成立于2005年6月，是全球访问量较大的汽车网站，提供选车、买车、用车等一站式服务。李某于2005年创办了某汽车平台公司网站，秦某于2007年加入某汽车平台公司。2008年，李某把公司一部分股权卖给了DX公司。根据媒体报道，DX公司用7600万美元拿下了某汽车平台公司55%的股权，之后的几年里又多次增持。

2009年，秦某开始担任某汽车平台公司的CEO，2013年11月，某汽车平台公司向美国证监会递交了上市申请。申请材料显示，DX公司在某汽车平台公司上市前持股比例已经达到了70.25%，李某和秦某手里的股权分别被稀释到了5.3%和3.2%，所以，DX公司已经拥有了对某汽车平台公司的完全控制权。

2015年6月12日，某汽车平台公司发布公告，李某不再担任总裁一职，但继续担任董事。2016年4月16日，由秦某领头的管理层提出要对某汽车平台公司进行改革，但被DX公司两次拒绝。2016年6月25日，DX公司以16亿美元向保险公司出售某汽车平台公司47%的股权，保险公司正式成为某汽车平台公司最大的股东。2016年6月27日，秦某正式离开某汽车平台公司。

在上述这个案例中，创始人李某早在2008年就已经转让了公司的控制权。无论是创始人李某，还是后来的CEO秦某，在持有股权比例不足5%的情况下想把握公司的控制权，谈何容易。

第二条控制线叫相对控制线，持股比例是51%，也就是过半数。

持有一家公司半数以上的股权，基本上就拥有了对公司的相对控制权，可以决定除了一些需要绝对控制权表决的重大事项之外的、需要股东会审议的、仅需要过半数表决权即可通过的公司一般事项，51%也是四舍五入的比例。

创始人至少要持有公司51%的股权，与其他股东相比才可以保持对公司的相对控制力，所以51%为相对控制线。只能决定一般事项，不能决定重大事项，一般事项包括如下几个方面：

决定公司的经营方针和投资计划；选举和更换董事、监事，并且决定他们的报酬事项；审议批准董事会的报告；批准监事会的报告；审议批准公司的年度财务预算方案、决算方案；审议批准公司的利润分配方案和弥补亏损方案；其他需要决议的事项。以上的表决比例要求主要针对的是股份有限公司。

案例7

某网约车公司成立于2012年，在发展初期与甲公司、乙公司在网约车行业中竞争。2015年，某网约车公司先与甲公司合并，2016年以换股的方式收购乙公司。这不仅让某网约车公司占领国内大部分网约车市场，也令公司股东聚集了中国、美国多家科技公司。

某网约车公司最早期的股权结构采用的是“433”结构，天使投资人王某拥有40%的股权，程某和另一位股东各拥有30%的股权。后来，某网约车公司进行了股权调整，把另一位股东的股份全部收了回来。如果当时没有把这30%的股权收回来，某网约车公司后续在引进人才、资本和资源上都会十分被动。

股权收回后，某网约车公司确立了以程某为创始人和CEO的地位。虽然某网约车公司在和乙公司的合并中将股权稀释了不少，但程某在某网约车公司的地位是无法被撼动的。

关于某网约车公司融资的情况，公开资料显示，某网约车公司先后经过了七轮融资。2012年成立的时候完成了A轮融资，融到了300万美元；B轮融到了1500万美元；C轮融到了1亿美元；D轮融到了超过了7亿美元。2016年6月，某网约车公司完成了新一轮共45亿美元的股权融资。

如果网约车公司当时没有收回那30%的股份，毫无疑问，引进这么强大的股东团队将会非常被动和困难。一位企业的创始人在回顾股权纠纷时总结道，当时大家都没有经验，因为创业找的都是自家兄弟，根本不好意思说给他很少的股份，或者你可能请了自己原来的老板过来，就更不可能少给股份。所以企业刚创办时，我们分股权都很大方，之后就吃了这方面的大亏。

给大家一个建议：企业的创始人在企业上市前要尽量争取持有51%以上的股权，实在不行，也得是相对的第一大股东。之后再通过投票权委托、一致行动人协议以及有限合伙、AB股计划等方式保证创始人的控股权处于51%以上，否则企业创始人就有出局的危险。

第三条控制线叫安全控制线，也叫一票否决权，持股比例是34%。

34%是1/3的四舍五入。当股东持有的表决权比例超过1/3时，他就有了否决性控股，有对重大事项的一票否决权。在股东会或股东大会的修改公司章程、增资扩股等重大决议时，只要持股1/3以上的股东否决，股东会的重大决议便不能通过。

股份有限公司用的是出席会议的概念，在股东不是全部出席会议的前提下，持股比例低于34%也有可能形成一票否决权。例如，某股份有限公司的特别决议上，出席股东占表决权累计的70%，其中某一个股东的表决权占比为30%，而总数的30%相对于总数的70%已经超过了1/3，只要这个股东投反对票，这项决议便无法通过。

一票否决权和绝对控制权是对应的，如果其他股东持有67%的股权，你持股就不会超过34%，就没有一票否决权。

第四条控制线叫上市公司要约收购线，持股比例30%以上。

收购一家上市公司的股权达到该公司已发行股份的30%时，需要向全体股东发出通知，表明自己的收购意图。因此，如果上市公司实际控制人掌握30%以上的股权，基本上就不会成为恶意并购的目标，因为敌意收购方要成为第一大股东，必然触发要约收购，所以30%也是上市公司控制权的认定线。

第五条控制线叫同业竞争警示线，持股比例20%以上。

在上市过程中，同业竞争是审核红线，如一家准备上市公司的大股东同时在另一家同业公司中拥有超过20%的股权，那么它的IPO申请基本就会被否决掉，因为此种投资行为构成同业竞争，有利益输送的可能。

第六条控制线是临时会议提议权和解散公司请求权，持股权比例10%。

拥有10%的股权就可以提起临时股东会，在公司发生困难的时候也可以提起解散公司的诉讼。

第七条控制线叫重大股权变动警示线，也叫上市公司举牌线，持股比例5%以上。

持股比例超过5%的股东，他的信息披露义务和大股东一样严格，需要披露权益变动。在上市过程中，持股比例超过5%的股东或者公司控制权的情况发生重大变化都会影响上市进程，都需要披露。

第八条控制线叫临时提案权，持股比例3%。

股份有限公司单独或合计持有公司3%以上股权的股东，可以在股东会召开十日前提出临时议案。

第九条控制线叫间接诉讼线，也叫派生诉讼权，持股比例1%。

当董事、监事或职业经理人违法、违章损害公司利益的时候，持有1%以上股权的股东可以代表公司直接向法院提起诉讼，所以也称派生诉讼权。

对于大多数的中小企业创始人来说，把握67%、51%和34%这三条股权控制线，就能够有效地掌控公司的控制权，这也是最重要的三条生命线，大家一定把它牢牢记住。

股权控制线主要是从表决权比例的角度进行研究的，企业家特别是创始人更应关注表决权的比例。持股比例是可以稀释的，但只要表决权控制得好，一样可以很好地掌控企业。

第4节　股权设计的五大问题

要设计好公司股权治理结构，先要回答好下面五大问题。

一、谁是公司带头人

公司一定要有带头人，避免出现均分股权的局面。不论是内部合伙人，还是外部投资人，他们之所以愿意合伙干，愿意投资，是因为欣赏公司带头人。

事实上，公司带头人责任更重，压力更大。因此，要让更合适的人上，把有能力的人推向前台，让他们做大股东，其他人做小股东。

二、谁来出资

带头人选好了，谁来出钱？出钱最多的人就是公司带头人吗？不一定。公司出资只是一个方面，其实有的时候，人力比出资更重要。从资金的来源上看，有内部投资人（创始人、合伙人、团队、员工）和外部投资人之分。公司投资是一个双向选择，投资人在筛选公司，公司也要筛选投资人、考察投资人的背景和投资意图，双方“情投意合”方可“联姻”，而不是对投资人来者不拒，而外部投资人也分两种形式：财务投资人和战略投资人。

1. 财务投资人

财务投资人以获得财务回报为目的，说到底就是为了赚钱，只要有收益就可以了，天使投资、风险投资（VC）、私募基金（PE）大多是这一类。这类投资人追求的是未来在某个阶段退出，然后获得财务上的回报即可，他们除了在董事会参与一下公司重大的决策会议，并不会干涉公司的日常经营和运作。财务投资人的好处就是给你钱，但基本不管你做的事情，只要你给回报就可以了。国内大多数投资机构都属于这种类型。

2. 战略投资人

战略投资人这个名字一听就很唬人。确实，战略对一个公司的重要性是不言而喻的，战略决定了公司的未来，所以战略投资人是带着战略意图投资的，一般以达到产业链的战略协同效应为目的，并不以一时的盈利与否为目的。所以，他管的也就多了。当战略投资人进入后，公司的发展会受很大影响。

案例8

2015年，胡某创立了某共享单车公司。作为创始人，胡某持股约36%，紧随其后的第二大股东为李某，是天使投资人，持股比例29%。2015年年底，李某请来了王某出任某共享单车公司CEO一职。

伴随王某的入局，某共享单车公司内部的权力架构有了明显改变。王某统管所有公司事务，而作为公司创始人的胡某则要向王某汇报。

王某作为“空降”的高管，竟然得到了20%的股权。这样，李某的29%加上其“嫡系”王某的20%，李某这个天使投资人成了被投资公司的实际控制人。

2018年4月3日，某共享单车公司被某生活服务公司收购。仅过了17天，王某卸任CEO。2018年11月29日，某共享单车公司的工商信息变更，李某、胡某、王某均从股东中退出。2018年12月23日，胡某卸任某共享单车公司CEO。

某共享单车公司未走向盈利，还给某生活服务公司带来了近50亿元的亏损，某生活服务公司为什么要收购某共享单车公司？这考虑的就是战略协同效应。某生活服务公司是做生活服务的，外卖已占据了半壁江山；而某共享单车公司作为城市最后一公里的路径规划，对服务公司而言有重要的数据参考价值，还能够带来一定的流量。某共享单车公司最终被真正的战略投资人某生活服务公司收购，创始人胡某出局。

企业是需要战略投资人还是财务投资人？主要还是看企业自身。任何东西都是有成本的，就看你能否接受、你企业当下最需要的是什么。在项目的早期，一般更多的是财务投资，企业发展起来后才慢慢会有战略投资人进入。

引入战略投资人的一个重要风险是他们可能成为潜在竞争者。如果一家跨国公司在中国参股数家企业，并出于战略的整体考虑来安排产品和市场，就可能与引资企业的长期发展战略或目标相矛盾。国内一些曾经的知名品牌在引入境外战略投资人后被“打入冷宫”，就是这一风险的真实写照。

由于战略投资人对行业的影响力很大，有时会提出以派驻高管或替换高管为条件，所以在引进战略投资人时就要注意公司的控制权以及对公司治理权的把控。

三、谁来经营

企业的经营者是指负责企业日常运营的人员，可以是股东，也可以是聘请的职业经理人。在传统型企业中通常是老板亲力亲为，一人负责经营。

任何事都亲力亲为的经营模式显然已经不适合新型的股份制企业，股份制企业要么是合伙人（股东）各司其职，各自独当一面；要么由职业经理人和高管团队负责经营，或者两者合二为一（职业经理人和团队同时是合伙人），这是很考验老板格局的。

四、谁是企业的拥有者

毫无疑问，从法律角度讲，股东是企业的拥有者。但是，企业另外还有事实上的拥有者。

我们知道，所谓企业的拥有者，即企业所有权的拥有者。而在很多情况下，企业财产控制权属于经营者。因此，企业事实上的拥有者是经营者。当然，经营者本身可能就是企业的股东，也可能是不持股的职业经理人。

五、谁对企业负责

企业日常负责股东权益的有两大机构：董事会和监事会。

董事会由股东（大）会选举的董事组成，对股东负责，有公司的经营决策权，领导公司所有的对内和对外事务；监事会是公司的监督机构，对董事会和经理人的活动进行监督，但并不参与公司的日常业务决策和管理，对外也无权代表公司。为了避嫌，监事会成员不能由董事和高级管理人员兼任。

董事会负责公司经营，对股东负责。监事会负责监督公司管理层的行为，也对股东负责。通过董事会控制公司也是上市公司创始人常用的手段，这个我们后面会详细讲，这里就不赘述了。

企业创始人在进行股权设计之前，把这几个问题解决了，再进行股权架构的设计就有了方向，就不会出现大问题。

第5节　股权结构的理想模型

现代意义上的创业，除小生意、个体户外，正规的公司化创业，往往不是凭一己之力就能完成的。需要引入合伙人，团队配合，各司其职，风雨同舟，共担风险。

合伙创业有一个无法绕开的重要问题就是合伙人股权划分。而股权划分是否合理，将直接决定公司的走向和生死存亡。关于合伙创业的一个残酷事实是，很多创业项目的失败不是败在人、产品或运营上，而是败于股权结构，股权结构不合理将是企业发展的直接障碍和致命隐患。所以今天就和大家聊聊，针对不同的合伙的人数，什么样的股权比例是比较理想的。我们来看看比较常见的几种股权结构。

一、平均划分股权（博弈型股权结构）

很多合伙人创业时在股权分配上不会过多计较，拍脑袋均分股权，要么是二人五五对等，要么是三人平分天下，却不知他们拍脑袋设计出的恰恰是世上最差的股权结构。平分股权的企业很多。

有些企业后来发现问题及时调整，就步入了正轨。也有很多没有调整的企业，创始人在股权争夺中因不当行为而锒铛入狱，企业也失去了最好的发展时机。

案例9

某手机公司初期的股份结构：首创人李某拥有45%的股权；王某拥有

45%的股权；张某拥有10%的股权。不久，张某退伙，李某以800美元回购其股份；1976年8月，马某以9.1万美元入伙。当时股权为李某26%、王某26%、马某26%；剩下22%用来吸引新的投资者，属于平分股权。

1977年1月3日，新手机公司创建，股权布局为李某30%、王某30%、马某30%、工程师霍某10%，还是平分股权。这个均衡的股权布局是李某日后被扫地出门的伏笔。

1985年，李某被某手机公司董事会赶走了。对于创始人李某来说，平分股权是最大的败笔，导致了他被扫地出门。虽然12年后李某又被请了回来，但那是因为公司需要他，谁又敢保证自己有这样的才华呢？

平分股权最大的特点是难以形成有效的股东会决议，所以很容易使公司陷入僵局。在公司发展到一定程度之后，双方股东有可能因争夺公司控制权而发生纠纷，进而影响公司发展。其实，这样的潜在风险投资人心里很清楚，核心创业团队的不稳定，对投资而言可能是最大的风险。所以，股份绝对或相对平均分配的创业公司相对而言更难获得外部投资。

二、一股独大

一股独大是指公司的股权主要集中在一个大股东手里，其他股东的持股比例很小，基本没有什么话语权。这种类型的股权结构通常指大股东持股比例过高，一个人便可以掌控公司的任何重大决策，其他小股东的表决基本没有任何意义。比如，90%∶10%；80%∶10%∶10%。

这种股权结构通常的后果：一是容易形成“一言堂”，大股东不听其他人的意见，由于没有集体决策，当大股东作出错误决策时，往往会对公司形成较大的影响；二是由于其他小股东没有任何话语权，他们会逐渐失去积极性，放弃对公司的参与和贡献，容易“搭便车”，也不利于公司的发展。

三、股权过于分散

公司各股东持股比例都不高，没有人能够绝对控制公司，表现形式通常为第一大股东持股比例低于30%，对公司没有绝对的控制力，这种类型的公司往往股东人数较多，比如五个股东，股权比例可能是25%∶23%∶20%∶17%∶15%，这种股权结构不是平分股权，但也没有大股东。

案例10

某快餐公司的三位创始人孟某、宋某、罗某为大学校友，宋某就职于一家风险投资公司，孟某、罗某就职于科技公司。2013年，三人辞职，全职创业，三人注册了计算机科技公司，持股比例为40% ∶ 30% ∶ 30%。由于资金不足，邀请李某于2013年8月注资，并给了他6%的股权，此时，孟某、宋某、罗某、李某四人的股权比例为37.6%、28.2%、28.2%、6%。

公司开始准备做IT业务，但发展得并不顺利，于是开始寻找新的方向，选定了肉夹馍。在开业前，该快餐公司发了一篇文章，火遍朋友圈。2014年4月8日，该快餐公司正式开业，当天中午就卖出了1200个肉夹馍，几乎脱销。随后被多家科技媒体报道。第一家门店开业不到一周，就有投资机构找上门。

在公司迅速发展之际，该快餐公司的几个合伙人却由于股权架构和引入资本问题有了矛盾，孟某的股权相对较多，希望公司能组建VIE结构[①]，提升自己的投票权权重，其他三个合伙人感到很诧异，因为大家的股权都差不多，也没有"老大"。经过协商，罗某和袁某接受孟某拥有2.5倍的投票权，宋某却始终没有同意，于是，一场漫长的股东内讧就此开始，最后更是因为分红问题闹上法庭。

这种过于分散的股权结构很容易导致两个问题：一是公司没有实际控制人，难以形成有效的决策，大量股东会相互制约，要想通过决议，必须经过复杂的投票程序，甚至争吵；二是股东都会陷在争夺利益和话语权的纠纷中，无暇顾及公司的发展，很有可能滋生管理层的道德危机，公司不稳定，管理层也不会专心于公司的经营和管理。

---

① 即可变利益实体（Variable Interest Entities；VIEs），也称为"协议控制"，其本质是境内主体为实现在境外上市采取的一种方式。

所以说，平分股权、一股独大和股权过于分散都是要避免的。还有一些股权结构也要避免，如按照出资比例占股、投资人占大股、提供资源者占股、兼职者占股、离职不退股等。

下面说说不同的股东人数，如何分配股权比较合理。

1.两个人合伙开公司，如何分配股权

在中小企业中，两个人合伙是最常见的情况。而两个股东的股权分配相对来说也比较简单。对于大多数情况下的两个合伙人，我们建议其将股权比例设置为80%∶20%到70%∶30%之间。这种股权比例对于日后增资扩股还有稀释的空间，不会很快丧失对公司的控制权。发起人占大股，一般来说，谁发起谁就是大股东。

要避免以下几种股权比例：50%∶50%貌似公平，但最后谁说了都不算；65%∶35%这种股权比例对大股东是不利的，因为这实际上赋予了小股东重大事项一票否决权。

2.三个人合伙开公司，三个股东，如何分配股权

三个人合伙，最理想的股权分配比例是：大股东＞二股东＋三股东。

要避免以下几种常见的错误比例：50%∶40%∶10%；40%∶40%∶20%，这样的股权比例容易引起股东内部冲突。

3.四个人合伙，如何分配股权

四个人合伙对于创始人来说是最不安全的，股权一旦分配不好，就会导致小股东控制大股东的局面。最理想的分配一般情况下是：2+3+4 >1>2+3。

这种股权比例可以避免大股东专权，也可以避免部分股东联合起来反对大股东。如果第二、三、四股东一起反对大股东，就说明大股东的决策有问题或没有充分考虑其他股东的利益，就应该接受不能通过的结果。

要避免的结构有：25%∶25%∶25%∶25%；35%∶18%∶18%∶29%。

4. 五个及以上合伙人的公司，如何分配股权

五个以上合伙人的公司，一般是大股东40%左右，二股东不超过30%，至少两个股东不在经营层；将未来10%的股权作为期权。

初创期，股权结构要做到可收可放，可进可退，创始人拥有67%以上的股权比例最好。创始人不仅要拥有防御权，还要有进攻权。在企业运营过程中，涉及企业命运前途的大事，比如兼并重组、修改章程，要创始人拍板，避免扯皮，耽误最佳时机。

成长期，股权结构设计要做到管理统筹，创始人拥有52%的股权比例最好，这主要是为了上市考虑。

如果企业想上市，创始人的股权就要进行多次稀释。前两次引入风险投资，两次风投一般会释放35%的股权。这35%的股权一般是通过增资扩股的形式实现的，创始人的股权也会被稀释。如果创始人之前的股权是51%，两次共稀释35%，还剩33.15%；假如创始人原先的股权是52%，被稀释35%以后还有33.8%的股权。33.15%和33.8%只差0.65%，可实际上却是天壤之别。区别在于一个小于1/3，一个大于1/3。当创始人拥有1/3以上股权时，就拥有对重大事项的一票否决权，可以保证公司在经过两次融资后，创始人还能保留否决性控股。这非常重要。

扩张期，股权结构设计要做到防御性统筹，创始人拥有1/3以上的股权。就像上面说到的，企业经过两次融资进行扩张后，创始人要保留对企业的控制权，就要持有1/3以上的股权，对合并重组、修改章程等重大事项可以一票否决。

成熟期，要考虑股权的多轮融资，在未来股权结构上应该再灵活一些。企业发展到成熟期，在招兵买马、扩大市场份额、引进融资、上市过程中，会遇到股权多次稀释的问题。一般经过天使投资、风险投资（VC）、私募股权基金（PE）这几轮融资下来，创始人持有的股权很少能在20%以上，那么，怎样牢牢把握公司的控制权呢？我后面会讲到四个工具：投票权委托、一致行动人协议、持股平台和AB股计划，这些都可以让创始人在持股比例不占优势的情况下牢牢地控制公司。

从早期投资人的角度看，投资人一般比较喜欢这样的股权结构：创始人50%~60%；联合创始人20%~30%；预留股权池10%~20%。这是一种有明显梯度的股权结构，可以为企业未来的发展、壮大打下坚实的基础。

股权架构设计和股权分配是创业企业治理中最为重要的部分，是其他公司治理制度安排和机制设计的基础。不仅牵一发而动全身，而且影响极其深远。

第6节　控制公司的三大“法宝”

股东通过控股方式控制公司只是取得公司控制权的一种方式。当创始人不是大股东的时候，如何控制公司也是我们需要掌握的。下面就和大家谈谈控制公司的三大“法宝”。

第一种是在股权层面取得公司控制权；第二种是通过董事会取得公司控制权；第三种是企业经营管理的实际控制权。

开始之前我们先简单讲一下股东、股东会和董事会的内容和作用。

股东，简单地说，就是公司的出资人。股东以出资为限对公司承担责任，并根据出资比例或其他约定行使表决权、收益权等。

股东（大）会是指由全体股东组成的，决定公司经营管理的重大事项的机构。股东会是公司最高权力机构，其他机构都由它产生并对它负责。公司一切重大的人事任免和重大的经营决策一般都得股东会认可和批准方才有效，包括：决定公司的经营方针和投资计划；选举和更换非由职工代表担任的董事、监事，决定有关董事、监事的报酬事项；审议批准董事会的报告；审议批准监事会或者监事的报告；审议批准公司的年度财务预算方案、决算方案；审议批准公司的利润分配方案和亏损弥补方案；对公司增加或者减少注册资本作出决议；对发行公司债券作出决议；对公司合并、分立、解散、清算或者变更公司形式作出决议；修改公司章程；公司章程规定的其他职权。

董事会，是由董事组成的、设有董事长，对内掌管公司事务、对外代表公司的经营决策机构，公司设董事会，由股东会选举。

董事会是股东会的执行机关，负责公司业务经营活动的指挥与管理，对公司股东会负责并报告工作。股东会所作的决定，董事会必须执行。董事会行使的职权包括：召集股东会会议，并向股东会报告工作；执行股东会的决议；制订公司的经营计划和投资方案；制订公司的年度财务预算方案、决算方案；制订公司的利润分配方案和亏损弥补方案；制订公司增加或者减少注册资本以及发行公司债券的方案；制订公司合并、分立、解散或者变更公司形式的方案；决定公司内部管理机构的设置；决定聘任或者解聘公司经理及其报酬事项，并根据经理的提名决定聘任或者解聘公司副经理、财务负责人及其报酬事项；制定公司的基本管理制度；公司章程规定的其他职权。

一、股权层面的控制权

股权层面的控制分两种情况——绝对控股和相对控股。

公司创始人持有的股权比例达到67%以上，也就是2/3以上，企业的控制权就牢牢地掌握在创始人手里。所以从控制权的角度来说，67%的股权和100%股权没有区别。根据《公司法》的规定，股东会的普通表决事项多为1/2以上，即多数表决权通过就可以，而少数重大事项，比如修改公司章程、增资、减资还是需要2/3以上表决权同意才能通过。

相对控股是指企业创始人持有股权51%以上，也就是过半数，或者创始人是大股东，属于相对控股。

根据《公司法》的规定，股东会的普通表决事项多为1/2以上多数表决权通过，而少数重大事项（如公司章程修改）还需要2/3以上表决权通过。

还有一种控股权叫否决性控股。当股东持有的表决权比例超过1/3时，就认为其拥有否决性控股，具有对重大事项的一票否决权。在股东会或股东大会的修改公司章程、增资扩股等重大决议中，只要该股东否决，股东会的重大决议便不能通过，表决权比例超过1/3具有一票否决权。

67%、51%和34%是创始人对公司股权层面进行控制的几个关键比例，但当企业发展到一定阶段，经过几轮风险投资以后，创始人的持股比例就会被大幅稀释，甚至到20%以下，在这种情况下又如何控制公司呢？有四种方式：投票权委托，一致行动人协议，持股平台和AB股计划。

投票权委托。投票权委托是指公司部分股东通过协议约定，将其投票权委托给其他特定股东（多为创始股东）行使。

一致行动人协议。“一致行动人”即通过协议约定，某些股东就特定事项采取一致行动。意见不一致时，某些股东跟随“一致行动人”投票，一般是跟随创始人投票。

有限合伙持股（持股平台）。有限合伙企业在中国是一种比较新的企业形式，有限合伙企业的合伙人分为普通合伙人（GP）和有限合伙人（LP）。普通合伙人执行合伙事务，承担管理职能，而有限合伙人只是作为出资方存在，不参与企业管理，只能取得分红。

AB股计划（牛卡计划、双股权架构）。AB股权结构的核心是同股不同权，公司股票区分为A类股与B类股，A类股通常由机构投资人与公众股东持有，B类股通常由创业团队持有。但是，A类股与B类股的投票权是不同的。

公司上市就意味着创始人的股份比例将被摊薄，那么保护对公司的控制权就成为所有创始人的心病。有些公司的做法是保留尽可能多的股份，如40%或50%，这是可行的。但若采用这种办法，就会限制企业从资本市场上融到的资金总量。理想的办法应该是这样：一方面，企业从资本市场募集到尽可能多的资金；另一方面，企业创始人牢牢地掌握着对企业的控制权。

从国内到国外，绝大多数的上市公司都会采用投票权委托、一致行动人协议、持股平台和AB股计划中的一种或几种方式控制公司。这几种控制公司的方式非常重要。

二、董事会层面的控制权

董事会与股东会是相对独立的，股东往往没有干预董事会行使日常经营决策的权利。因此，企业的控股权和企业的控制权没有直接联系，股东要通过董事会对公司进行间接控制。从世界范围看，董事会制度是伴随着企业形态的发展自发生长出来的，又不断进化成现代公司治理制度的核心。

董事会决议的表决实行一人一票制，表决机制一般都是过半数同意即通过。所以，控制半数以上的董事就相当于控制了董事会，进而可以通过董事会决定公司的经营决策。

对于股权相对分散的中小企业来说，企业的控制权通常掌握在董事会手里，股东往往就是董事，所以很少出现冲突。但是随着企业不断融资，投资人会要求委派董事，以掌握企业的实际控制权。如何设立一个“受控制”的董事会，是所有创始人需要认真考虑的问题。

事实上，组建一个良好的董事会是股权设计的重要组成部分，如果在这件事上失误，将会影响整个企业的生命周期。如果董事会不受控制，就会做出很多损害企业的行为，如开除创始人管理团队，将还没有兑现的股票作废，或者拒绝其他投资人的投资意向，将企业廉价卖给企业投资人投资过的其他公司等。

三、企业经营管理的实际控制权

谁掌握了企业经营管理的实际控制权，谁就从另一个层面控制了公司。在我国，企业经营管理的实际控制权，就是企业的“公章”：具有法律效力，能够直接对企业起到约束作用。

对于中小企业来说，企业董事长、总经理和法定代表人常常是同一个人，一般不会出现大权旁落或者移交公章的情况，但当企业有多位权限相当的联合创始人时，就要注意公章、营业执照以及银行账户等企业印鉴的管理问题，预防联合创始人在出现冲突时盗用公章。

要避免非创始人股东控制公章、营业执照及账户等公司印鉴。对公司职业经理人的管理也是要高度重视的。公司有限责任的发展促使职业经理人大量出现，也带来了大量的经理人道德风险问题。企业规模扩大，股东自己顾不上管了，就只能广泛地雇用经理人，并将部分或全部企业的经营权授予经理人。

由于掌握企业实际控制权的经理人自身的利益诉求和股东不一致，可能会导致偷懒、管理腐败、在职消费和短期行为等经理人道德风险行为。需要注意的是，企业规模越大，股权越分散，经理人的道德风险问题就越突出。这就带来了一个新的问题——如何才能使股东放心地雇用经理人。

在大型的上市公司中，高度分散的股权导致公司的所有权与经营权高度分离，公司的经营权实际上掌握在经理人手中。而一家公司的股东也许有好几万人甚至几十万人，而且分散在全国或全球各地。因此，股东大会的召开成本是巨大的，依靠频繁召开股东大会来直接监督他们所雇用的经理人是不可能的。所以，除了每年一次的股东大会之外，股东们还选举了常设的董事会作为他们的代理，代表他们监督经理人，保护自己的财产不被侵害。

还有一个问题，董事长是否要兼任CEO？这是建设高效董事会时面临的一个非常重要的问题，直接关系到公司控制权的配置和董事会的独立性。目前，很多企业的董事长都兼任总经理或CEO。

从公司治理的逻辑来看，享有公司所有权的是股东，整个股东会对股东负责，董事会对股东会负责，而管理层对董事会负责，董事会和管理层的关系是监督和被监督的关系。当管理层的工作不能令董事会满意的时候，董事会就会解除CEO的权利，CEO也特别希望能控制董事会以稳定自己的工作，如果公司的CEO兼任董事长，就会出现管理层的领导机构向管理层负责的诡异情况，这意味着CEO可以自己对自己的绩效进行评估，直接给自己发放高额的薪水，这样做将会引起股东、董事会和管理层三个层面之间的利益冲突。因此，为了防止CEO控制整个董事会，非创始人如果担任公司的CEO，就不能兼任董事长。

中小企业创始人对企业的控制主要通过股权的设计实现，而对于上市公司等股份制企业来说，通过董事会控制会更有效果。此外，对于公司职业经理人的管理也是随时都要关注的。

第7节　家族企业股权结构的优化

说起家族企业，大家可能比较有兴趣。中国的民营企业大多是从家族企业发展起来的，家族企业占据着民营企业很大一部分的比例。

我们先来看看什么是家族企业。有学者研究认为，具备以下三个条件的企业就可被认定为家族企业：家族的持股比率大于临界持股比率（其他股东）；由家族成员或亲属担任董事长或总经理；由家族成员或亲属担任的公司董事席位占公司全部董事席位的一半以上。简单地说，家族企业就是指股份主要控制在一个家族手中，在董事会占有半数以上席位，家族成员出任企业的主要领导的企业。

这个定义比较精确，而且从股权和经营控制权的角度把家族企业看成一个连续分布的状况。

家族企业作为世界上最具普遍意义的企业组织形态，在世界经济中有着举足轻重的地位。在世界各国，无论是发达国家还是发展中国家，家族企业都在顽强地生长和发展着。

股权结构问题几乎是家族企业最核心、最容易产生纷争的问题。近年来，一些家族企业内部股权出现过纷争，媒体公开披露了的案例就有真功夫、土豆网等。

一、家族企业股权结构存在的问题

第一，初始股权结构散乱，关系不清晰。有些家族企业没有股权结构顶层设计的理念，初始股权结构散乱。家族企业集团最常见的框架就是从一家公司做起，随着企业的发展与壮大，一步步地发展到拥有多家公司。发展进程大多处于无计划状态，企业主要根据需要逐步增加公司或注册新公司。

股东绝大多数都是老板、老板娘，或者老板的亲戚、熟人等自然人，很少有法人企业当股东。在企业发展和扩张的过程中，公司之间虽然存在一定的业务联系，但基本上都是平级，导致公司的业务发展呈分散状态，不能形成叠加效益，没有战斗力。

第二，家族企业治理不规范、股权结构不合理。家族企业主不重视股权结构设计。但无论今后企业是否有上市规划，股权结构设计都是企业重要的顶层设计，是家族企业发展壮大过程中不能回避的问题。

第三，自然人持股及由此带来的分红限制。考虑到自然人股东分红要缴纳20%的个人所得税，大多数家族企业在经营期间很少进行分红，于是在账面上积累了大量未分配利润，虽然暂时少交了部分个人所得税，却使公司实际控制人很难通过正常分红实现回流资金，导致资金利用效率低下。

第四，没有配套完善的薪酬、绩效管理体系。家族成员拥有企业的绝大多数股权，企业控制人面向社会吸纳人才、整合资本的效率低下，若内部没有配套完善的薪酬、绩效管理体系，就很难形成一个有战斗力的团队。

随着新公司的不断成立和新业务的大规模扩张，不合理的股权结构设计不但会影响公司实施管理层的股权激励，甚至会提高整个企业集团的财务和税务风险。

那么，如何做好家族企业管理呢？

案例11

李某创立某教育集团公司的时候，曾大量起用家族成员。碍于错综复杂的家庭关系，致使该教育集团公司的管理无法开展。

当王某、徐某回到国内，如何平衡合伙人与家族成员之间的矛盾就成了李某面临的新困境。李某说：“我的同学不会屈从于我的家族成员的管理，我的家族成员也没有能力管理我的同学，二者之间的各种纠葛不断加深。最后，我逐步让我的家庭成员离开了教育集团公司。教育集团公司为了劝退家庭成员，付出了很大的代价。”“企业中没有了家族成员，我们这些朋友之间就可以开始制定明确的规矩了。当时，该教育集团公司定下了比较明确的规矩：从此以后，凡是有血缘关系的家族成员一律不准进教育集团公司，包括当时教育集团公司已经建立起来的分支机构、分校，任何人都不许把家族成员带进教育集团公司。这也奠定了教育集团公司未来发展的基础。”没有了家族成员的羁绊，2006年9月，该教育集团公司在美国纽约证券交易所成功上市。

二、家族企业管理的三条规则

第一条规则，除非家族成员和任何一个非家族成员的员工一样能干，否则就不能在公司内工作。如果他既没有能力，又没有好的工作态度，企业留用这样的人，就会激起员工的不满和嫉妒，最终，企业的经营会走上不归路，受害的是公司。因此，用钱打发一个懒惰而平庸的堂兄所花费的成本，远比把他留在公司里耗费的成本要低得多。

第二条规则，不管有多少家族成员占据了公司多少的管理职位，也不管他们多么能干，都要保留一席高管之位给非家族成员的人。比如，李某维公司的老板是家族成员，也是公司创始人的后代，但他们的总裁兼总经理却是一位非家族成员的顶尖专业人士。

第三条规则，除了极小型的家族企业，家族企业需要非家族成员的专业人士不断补充公司的重要位置。企业聘用的非家族成员的专业人士应该受到同等对待，必须让他们在企业内完全平等，而不应该受到差别待遇，否则他们就不会留在公司。

具体来说，我们可以从几个方面出发思考家族企业股权结构优化的问题。

第一，规范治理结构，优化股权结构。用管理机制代替治理结构，最常见的是虽然设置了董事会，但由于董事会大多由大股东控制，所以董事会形同虚设，同时由于家族企业里的家族文化，最大股东常用操纵代替管理，使得企业的各项规章制度缺乏公平，造成企业外部对家族企业的监督严重缺位，治理结构失衡。所以家族企业要规范治理结构，就要建立一个股东会—董事会—企业高层经理人的治理结构。

第二，以快速成长为导向，优化股权结构。优化股权结构的最终目的是实现企业的快速成长和增加市值，因此应该采取措施，让企业的成长更加迅速。

第三，引入外部股东，优化股权结构。企业普遍存在一些不规范的动作，比如财务体系不明、治理结构不规范等，为了有效规避这一方面的弊端，家族企业可以通过引入外部股东来优化股权结构。家族企业引进外部股东后，一定要给他一定的话语权，让他参与公司的治理，以达到通过新鲜血液转变旧风气，优化股权结构的目的。

第四，实施股权激励。实施股权激励计划有助于优化家族企业的股权结构，如对中高层管理者核心员工进行股权激励，通过出让股权、稀释大股东的股份，使高度集权的股权结构向相互制衡的股权结构转变，同时也能吸引和锁定一批业界精英，共同完成企业战略目标。

家族企业要想在不断变化的市场环境中生存下来并发展壮大，终将演化为公众公司，这并不是由创业者或其继承者的个人意志所决定的，而是由家族企业生存的客观环境所决定的。

在日益开放的经济形态和日趋激烈的市场竞争环境中，家族企业的内在缺陷逐步成为企业扩张的羁绊，制约了企业的生存和发展。适者生存，要想生存发展下去，变革自身、顺应环境就成了唯一出路。公众公司是现代企业制度的典范，家族企业向公众公司过渡能有效完善其治理结构，变家族管理为职业管理，加强制度建设和强化制度效用，有效克服家族企业的人才“瓶颈”和文化“瓶颈”两大内在缺陷，适应经济环境的变迁，避免被市场淘汰。

第8节　合伙形式的选择

“合伙人”这个词一度特别火，有的公司创立了合伙人制度，有的企业家“预言”了合伙人时代的到来，前些年还拍了一部电影叫《中国合伙人》。但究竟什么是合伙人，合伙人有什么形式，大家未必都了解。

人们所说的合伙人一般分狭义和广义上的两种：一种是狭义的，也就是法律意义上的，即合伙企业中的合伙人包括普通合伙人和有限合伙人两种类型，普通合伙人承担无限连带责任，如果合伙企业资产不足以清偿企业债务，就要以个人资产清偿，承担无限风险。有限合伙人依其投入合伙企业的财产份额承担责任，不会牵涉个人财产。

另一种是广义的，也就是是企业管理意义上的，是与人合作经营企业、生意或参与同活动的人。是企业为适应知识经济时代的发展要求、真正激励知识资本的创造力而设计的一种内部制度的参与人。这种意义上的合伙人不同于法律意义上的合伙人，但在实际操作中往往需要兼顾二者。

法律意义上，合伙企业是指由自然人、法人和其他组织设立的组织体，包括普通合伙企业和有限合伙企业两种类型。普通合伙企业的所有合伙人对合伙企业的债务都承担无限连带责任；有限合伙企业则包括普通合伙人和有限合伙人，普通合伙人对合伙企业债务承担无限连带责任，有限合伙人则只以其认缴的出资额为限，对合伙企业债务承担责任。

有限合伙企业由2个以上、50个以下合伙人设立，法律另有规定的除外。有限合伙企业至少应当有一个普通合伙人。有限合伙企业名称中应当标明“有限合伙”字样。有限合伙协议除符合一般规定外，还应当载明下列事项：普通合伙人和有限合伙人的姓名或者名称、住所；执行事务合伙人应具备的条件和选择程序；执行事务合伙人的权限与违约处理办法；执行事务合伙人的除名条件和更换程序；有限合伙人入伙、退伙的条件、程序以及相关责任。

本书所涉合伙，不是指狭义的合伙或合伙企业，指的是广义上的合伙，以股权等形式，共同经营企业，参与生意，下面谈一谈几种广义合伙人的形式。

一、事业合伙人

我们都知道，万科实行的是事业合伙人制。在如今这个时代，职业经理人已经趋于边缘化，如果遇到巨大的行业风险，职业经理人将无依无靠。因为在将来，职业经理人会消失，取而代之的是事业合伙人。

凯文·凯利在他的著作《失控》中说，“混乱会产生秩序，而稳定则带来死亡”。在这里特别需要指出的是，失控的核心并非失去控制，它主要讲的是人类在封存式的集体中，每个个体都受周边的影响，要嵌入别人的行动之间，在一个生态体系里运行，这个整体是无中心的，但它的创造力却极大。

为什么职业经理人未来会消失？因为职业经理人最大的一个特点就是不能与企业共患难。职业经理人往往是企业高层管理的中坚人才，尽管职业经理人可以与企业共享富贵，却无法做到与企业共担风险。一旦企业遭遇巨大的风险，职业经理人是难以依靠的。

我们知道，万科的做法是打造事业合伙人，即通过股票跟投和项目跟投的方式将职业经理人变成自己人。所谓跟投，是指投资你的项目或者公司，并且给出一个捆绑承诺。有了利益上捆绑的驱动，就能打破原有职业经理人的顽疾，让组织机构扁平化，合伙人共享收益和分红。

二、股权合伙人

股权合伙人比较多见，如几个朋友或同学一起成立一家公司，每个人都会取得一定的股权。新东方三个创始人就是典型的股权合伙人。

有几个问题一定要注意，我之前也讲过，一个企业的股权架构中一定要有一个明确的带头人，根据数据统计，有接近15%的企业没有明确的带头人，这会影响到这些企业的决策效率甚至引发创业团队内部的股权斗争。股权合伙人一定不能按照出资比例分配股权，更不能让投资人成为控股股东。

三、生态链合伙人

生态链合伙人就是指企业把供应商、经销商、客户、有资源的人发展成合伙人。此类合伙人一般不是企业内部员工，他们往往不会参与企业的内部管理，只是以股权比例多少来划分利益，换句话说，他们属于外部合伙人的范畴。

案例12

某家电公司CEO张某认为，新时代背景下的互联工厂不是一个工厂的转型，而是生态系统的重建，要对整个企业的全系统全流程进行颠覆。

该家电公司打破了传统的科层制，把企业变成平台，原来企业有很多层级，而现在只有三类人，这三类人不是领导与被领导的关系，而是创业范围不同的合伙人的关系、产业链关系。

第一类是平台主，即通过这些平台来产生创业团队和外部合伙人；第二类是小微组，即一个创业团队；第三类是小微，即普通员工变成创客。三者之间的关系是相互协作相互配合，形成一个产业链。

另外，该家电公司把员工创客化了。家电公司做的就是把员工转变为创业者、合伙人，著名的某神游戏本公司就是外部合伙人的成功案例。

2013年末，一款名为某神的游戏笔记本进入市场，销量跃升为国内游戏笔记本的第2名，估值可观。经过几轮融资，游戏本公司正式开始独立运作，该家电公司在游戏本公司的股份降到50%以下。

在这个大众创业、万众创新的时代，人人都想当老板，这就必然打破传统的雇佣关系，转为合伙经营合作发展，上述某家电公司员工创客化为合伙人制度的落地提供了极佳的样本。

生态链合伙人是从厂商到经销商的一个外部合伙人模式，它将上下游渠道商供应链以及营销团队整编成一个有机体，打开该产业链的资源，共同铸造一个生态模型的大平台，这样，他们就形成了利益共同体，共同把这项事业做大。

刚才讲的四种合伙人形式是比较常见的，随着企业的发展，越来越多的合伙人形式会出现并发展起来。合伙制度下，企业家可以发挥自己的创造性，而制度的创新往往会带来经营模式的创新，最后让企业在新的赛道上高速发展。

四、业务合伙人

下面通过案例说明一下这种合伙方式。

案例13

假设你要开一个餐馆，需要投资100万元。你拿自己的100万元投进餐馆以后，每年的利润是50万元，那么两年以后你虽然能赚回100万元，但你忙活了两年，手里还是两年前的100万元，只不过是多了一家餐馆，但风险很大。

如果采用众筹的模式，把100万元分为100份，每一份1万元，然后找到99个合伙人，每人投一份，他们只是投资，不参与经营管理。这样，餐馆每年的利润还是50万元，你作为管理人每年可以抽取20%的利润，也就是10万元，剩余的40万元也可以分给其他的合伙人。这样，你投资1万元就可以赚到10万元，如果你投资100万元，每年就可以赚回1000万元，比之前的50万元的利润翻了20倍。众筹的力量是放大了你的投资回报率，也降低了风险。当然，这需要设计好模式，不然很难找到那么多投资人。

在众筹合伙制企业的搭建中，众筹是一个关键环节，无论你是创业者还是已经运营公司的人，经营众筹的目的就是获得更多资金，同时还要吸引更多有代表性的人物加入。因此，在众筹环节中，众筹股东中必须有一个或者一些影响力较大的人物，最好是有代表性、有权威的人，只有这样，才能吸引更多的股东跟进并加入。

在一个合伙企业的组建过程中，企业本身能给众筹者和合伙人带来多大的价值，他们就会赋予企业多大的影响力。客户或者订单之所以会跟进，也许是因为看重这些众筹者或者合伙人的社会资源和影响力，所以在搭建合伙企业的过程中，一定要做好股权结构的设计。众筹股东的结构既要有压轴者，也要有做门面的圈层，还要有真正操心的中坚力量。

第9节 股权合伙法律风险防范

企业既然进行股权合伙经营，就应该对风险有一个初步估计，做企业不能只想着好的预期，而不考虑风险，只有预测到可能发生的风险，才能让企业更好地经营下去。

对于企业来说，从创业开始就充满了风险和挑战，政策变动、市场的调控等都会引发一系列问题，而股权设计中同样存在相同的问题，法律风险、税务风险、政策风险，还有疫情等不可抗力风险。

本节涉及的法律风险主要有六大类：由股权结构不合理引起的法律风险；股权代持法律风险；股东权益被侵犯的法律风险；股权转让法律风险；公司认缴出资法律风险；职业经理人法律风险。

一、由股权结构不合理引起的法律风险

股权结构是出资人根据其出资比例确定的，通过设计股权以确定出资人在企业中的地位、权利、义务和责任等，同时可以依据投资人承担风险的能力和资本的多少，设计不同的股权比例以吸引投资者投资。

在实践中，往往会因股权配置不当而带来法律风险。比如，平均分配股权这种设计就存在很大的法律风险，容易让公司陷入僵局，公司决策无法推行。股权过度集中也存在一股独大的弊端，董事会、监事会和股东会形同虚设，缺乏制衡机制，决策失误的可能性就会大大增加。夫妻公司这样的家族企业也会存在法律风险，初期很容易出现公私财产混同的情况，损害公司法人人格独立性，可能导致公司人格的丧失，失去有限责任的保护。

二、股权代持法律风险

随着创业企业的不断增多，再加上远期融资规避、业务限制等原因，股权代持这种间接持股的方式越来越频繁地出现。但是股权代持并非想象中的那么有效，也存在很多隐患和雷区。

股权代持是指投资人实际出资认购股权，在公司股东名册记载的投资人却是其他人。实际投资人叫隐名股东，股东名册记载的人为显名股东，也叫名义股东。

以激励核心员工为目的的股权代持的情况越来越多，公司创始人想通过授予股权方式留住核心员工，但又担心直接授予员工股权会改变公司股权结构，从而影响公司未来的融资。在这种情况下，创始人一般会通过签署股权代持协议的方式让员工间接持有公司股权，这样做，股权仍登记在创始人名下，而企业的核心人才成了公司的隐名股东。

此类股权代持的方式看似十分安全，能够保持公司股权架构稳定，但却存在员工要求显名的可能，也就是要求在股东名册上显示自己的名字，这极有可能导致公司股权结构变化，甚至会破坏股权结构的稳定性。建议创始人在签署股权代持协议中明确约定员工显名的条件，员工仅在约定条件下显名。

实施股权代持的目的还有规避行业限制（如外资企业禁止经营的行业）、规避身份限制等。某些被限制公司或者人员会成为隐名股东，绕开法律上的限制。但通过股权代持规避行业投资限制或者身份限制的方式，存在代持协议无效的风险。

根据《民法典》合同编规定，违反法律法规强制性规定的合同无效，而相应的代持协议一旦被认定无效，隐名股东和显名股东之间的代持关系就将不受法律保护，实际投资人并非股东，不能行使股东权益。所以在合同中应当明确约定关于合同无效后的处理方式，这样可以增强对隐名股东的保护，另外也可以通过建立VIE架构等方式，实现外商投资的最终目的。

案例14

甲公司与李某签署了一份《股权代持协议》，由李某代为持有甲公司对乙公司享有的20%股权。李某未经甲公司同意，将持有的乙公司的全部股权转让给了江某，并签订了股权转让协议。江某进行了工商登记，成为新的股东。

甲公司为此诉请法院认定李某与江某的股权转让协议无效。法院审理后认为，第三人江某并不知悉甲公司与李某《股权代持协议》的存在，应当认定符合善意取得情形。因此依法驳回了甲公司的所有诉讼请求，认定江某取得了该公司的股权。

显名股东处分股权后，第三人可以善意取得。股权代持协议只能约束签订协议的双方，而不能对抗善意第三人。

案例15

某面粉公司与熊某等5人共同出资1亿元设立了小贷公司。某面粉公司在验资后将1亿元注册资金立即转出，现债权人认为该行为构成抽逃出资，要求股东在抽逃出资的本息范围内对公司债务承担赔偿责任。某面粉公司提交证据证明它仅为名义股东而非实际出资人。

法院认为，某面粉公司是小贷公司设立时的登记股东，对外产生公示公信效力。公司债权人以登记于工商局的股东未履行出资义务为由，请求其对公司债务承担补充赔偿责任，股东以其仅为名义股东而非实际出资人为由进行抗辩的，法院不予支持。也就是说，某面粉公司要承担责任。

当没有足够证据证明债权人知道股权代持关系时，在隐名股东没有履行出资义务的情况下，由名义股东承担补充赔偿责任。

股权代持是有法律风险的：隐名股东身份不被认可；名义股东将代行股权处分权；隐名股东没有履行出资义务；股权代持协议认定无效。所以在股权代持关系中，无论是隐名股东还是名义股东，都承担着一定风险。

为规避股权代持关系中的风险，建议签署完善的股权代持协议。股权代持协议是法院认定股权代持关系的重要依据，只有当股权代持关系得到证明后，隐名股东的权利才可能得到保障。

为防范股权被处分，隐名股东可以要求显名股东将代持的股权质押给隐名股东，并办理登记，以保证隐名股东在法律上锁定股权，避免股权被显名股东处分，或被显名股东债权人强制执行。隐名股东为了以后能取得股东资格，股权代持最好取得公司其他股东的同意。

三、股东权益被侵犯的法律风险

从本质上讲，所谓股东权益的保护就是加强对小股东权利的保护，同时兼顾公司整体利益。因为当公司跟小股东之间存在利益诉求冲突的时候，大股东为了自身利益，可能利用其在公司的优势地位，损害小股东的利益。

在讨论这个问题之前，我们先要厘清董事长、总经理和法定代表人的职权。董事会是公司经营层面的最高决策机构，董事长是董事会的组织者、代表人。总经理是公司经营的组织实施者、执行者。法定代表人是依法对外代表公司的，其法律意义上的行为均可被视为公司行为，法定代表人在合同上签字，公司要承担法律后果。法定代表人依照公司章程的规定，由董事长或者经理担任。股东在决定法定代表人由董事长还是经理担任时，要权衡以下因素：

一般来说，董事长高于经理，当法定代表人的身份被赋予董事长时，董事长的实际权力大增。当法定代表人的身份被赋予经理时，由于公司的经营由经理组织实施，同时又能对外代表公司，经理的实际权力大增，而且存在架空董事会的可能。如何在董事长和经理之间分配公司经营管理的掌控权，则需要股东综合考量。

从对公司的控制权上看，对公司运营的控制是每个股东十分重视的问题，而法定代表人及印章对掌控公司有特别重要的意义，法定代表人、财务负责人由谁担任，将直接对公司的控制力产生重要影响。

当董事长为股东、经理为从社会上招聘的职业经理人时，法定代表人一般不应由经理担任。也就是说，不要让外部招聘人员担任公司的法定代表人。

四、股权转让法律风险

对股权受让人来说，需要全面了解公司债务的数额，以及此类债务是否为不良债务、是否设定了担保等。对上述问题的考察能使受让人在谈判中获得主动，并影响交易的价格和受让后风险负担的大小，必须高度重视。

对于无法预计的负债，受让方应要求在正式交割前的所有负债均由出让方承担。但是要注意的是，股权的转移并不影响债权人的追索，受让方在成为公司股东后，仍然需要清偿该债务，再根据股权转让合同向出让方追偿。

股权回购法律风险。对于可能发生的创始人股东中途离职的情形，要提前设置股权回购机制，以避免由某个创始人退出造成的混乱局面。

回购价格的确定有几种模式：第一，参照原来的购买价格，按年利率溢价收购，比如员工原来花10万元买了10%的股份，可以按照年利率10%的溢价回购；第二，参照公司净资产或者净利润，如按照离职人员所持股权对应的公司净资产或净利润收购股权；第三，参照公司最近一轮融资估值的折扣回购股权。

要考虑优先购买权。有限责任公司的股东之间可以相互转让股权，而向股东以外的人转让股权，应当经半数以上其他股东同意。不同意转让的股东应当购买该转让的股权，不购买的视为同意转让。为什么这样规定？有限责任公司具有很强的人合性特征，股东之间转让股权并不会引入新的股东，所以无须其他股东同意。而当股东对外转让股权时，会引入陌生股东，其他股东有优先受让股权以排除陌生股东进入的权利。

但是，法律允许有限责任公司由股东约定新的转让规则。这意味着只要股东对股权转让规则在章程中有了明确的约定，即可按约定方式转让，可能使转让更加简便，甚至简便到无须征得同意、无须通知；也可能使转让变得更加复杂，甚至限制部分股东的转让。无论怎样，这种允许股东自行约定股权转让规则的法律规定具有重要的实用意义，但很多企业对此没有引起重视。

五、公司认缴出资法律风险

根据《公司法》的规定，有限责任公司的注册资本是在工商局登记的全体股东认缴的出资额，股东的出资实际时间应当在公司章程中载明。也就是说，成立公司时不用马上出钱，可以约定实际出资的时间。10年、20年、30年以后出资都可以。

我国除了限制特殊的主体之外，彻底采用认缴资本制，股东认缴出资额，出资时间完全由股东自行约定并在章程中载明，只要按约定时间足额完成出资就可以。

公司章程约定出资时间还有两层实务价值：一是到了约定时间，股东有向公司缴入出资的义务，若该项义务未完成，公司的债权人可以要求股东出资，用于偿还公司债务。如果公司资不抵债破产，股东出资的时间就会提前到期，需要在负债范围内补足出资。二是到期未履行出资义务的股东，应当向按期足额缴纳出资的股东承担违约责任。

六、职业经理人法律风险

企业创始人和经理人的利益很难一致，当企业规模小、决策权都掌握在创始人手里的时候，创始人还能够掌控企业，但是当企业做大以后，建立了多层级的组织结构，利益不一致的问题就会尤为突出。

案例16

某软件公司从竞争对手里那里挖了一个职业经理人去负责上海子公司的业务。这个经理人原来的年薪是10万元，新老板给他的年薪是30万元，头两年这个经理人非常感动，认为老板对他有知遇之恩，工作非常拼。但是两年后这个经理人有了新的想法：老板对我不错，但是我每年给老板创造的利润有几百万元甚至几千万元，他只给我30万元，我凭什么为他干这个事？这个经理人很有可能注册一家自己的公司，将公司的客户转移到自己公司，将原公司的利润变成自己公司的，将自己公司的负债变成原公司的。

经理人与老板间的利益问题是伴随企业规模扩大，组织出现多层级结构时，由于老板和经理人之间利益不一致，经理难以得到有效控制出现的。换句话说，只要股东和经理人之间存在监督困难、信息不对称和利益不一致的问题，就必然会出现公司治理问题。这部分内容以后会在公司治理部分详细讲解，此不赘述。

职业经理人有四种典型的侵害公司也就是股东利益的行为：贪污腐败拿回扣、不合理的在职消费、偷懒、短期行为。

案例17

一个经理人被某科技公司聘为CEO，这个经理人和该公司签了三年的合同，而且三年之后这个经理人也不打算继续在公司干，那么这个经理人上任后会怎么做呢？每个公司对CEO都有利润的要求，CEO最后能拿到的报酬和公司利润有直接关系，对于一些大公司来说，CEO想通过提升销售额、降低成本实现净利润的增加是一件非常困难的事情。一个比较简单有效的方法是把研发费用先降下来，科技公司过去一年的研发费用较高，为20亿元，现在降到10亿元。

研发费用减掉10亿元，短期会不会有负面效果？不会，只不过研发部门会裁一些人而已，但损害的却是企业长期利益，当三年以后该CEO离开之后，该科技公司将在全球竞争中处于不利的位置，市场份额肯定会被竞争对手蚕食，但是这和该CEO已经没有什么关系了，因为他已经不干了。

既然经理人侵害股东利益问题的根源在于股东和经理人之间存在信息不对称，监督困难和利益不一致，那么公司治理的解决思路就是使老板和经理人之间的信息尽量对称、使监督尽量容易些和使利益尽量相一致。

第10节　股权合伙的整体解决方案

一般来说，股权确定后并不会频繁变动，但是在公司创设和发展的过程中，最初设计的看似完美的股权结构，到后面还是会发生很多变化。好的股权结构会激发全体股东共同努力的合力，助力公司基业长青；坏的股权结构则会让股东心生间隙，使人性中的自私滋生出来并腐蚀公司股东的团结。

股权架构到底怎么设计？越来越多的老板已经知道顶层设计的重要性，但还不知道真正的顶层设计是什么，也不知道顶层设计包括哪些内涵。企业股权顶层设计只有具备了下面的因素，我们认为才真正做好了企业股权顶层设计。

第一，战略定位。战略一般用于军事和政治层面，但其实企业也需要，而且越来越需要，很多老板忙了一天但仍然觉得很空虚，感到“忙但没价值”。

第二，业务定位。很多企业觉得业务单一不是好事，看别人的企业赚钱就也跟着做什么，自己擅长的业务反而慢慢荒废。

前几年房地产行业赚钱，大家一窝蜂地都改行做房地产，但现在遇到国家调控，很多房地产企业不能自拔，不但房子不好销售，而且面临着被银行索赔的法律风险。其实，如果在一个行业干10年或20年，那这个企业在此方面便能很专业。

第三，愿景定位。大部分企业家以赚钱为目的，这无可厚非，但如果没有愿景，那合伙无异于团伙：如果卖肉的老板靠掺水来增加肉的体重，其“愿景”注定是不会得逞的。

愿景不一定要“高大上”，而是要接地气，但适当地要有点天花板的潜质，若唾手可得，就不叫愿景。

定位定好了，下面就是工具了，通过顶层设计的方式，用一些工具实现对公司的控制。

一、股权是股东控制公司的“定海神针”

股东投资公司的目的就是获取收益，要确保这个目标实现就要在某种程度上控制公司，而股东控制公司最重要的手段就是股权。公司的最高权力机构是股东（大）会，股东要控制公司就要控制股东会，股东在股东会中进行表决时，表决权的大小取决于股权比例，所以股权就是股东控制公司的“定海神针”。

股东需要根据自己在公司中投入的资源、地位、利益诉求等综合决定公司的股权结构，因此股权布局是一种战略层面的智慧和手段，是综合考虑企业未来各方面后作出的安排。

每个公司的情况都不同，股权结构千差万别，有多少家公司就会有多少个可能不同的股权结构，但都逃不开2/3、1/2、1/3三个比例。这三个比例被称为生死线。接下来就以有限责任公司为例来说说这三条线。

1.绝对控制线67%（股权≥2/3）

在公司初创时期，创始人应强化对于公司的掌控。创始人对公司进行控制有很多路径，其中最核心的一条是通过绝对控股实现对公司的控制。在绝对控股的情况下，创始人可以完全把控股东会，进而主宰股东会，通过任何想通过的决议。

拥有2/3以上的股权，就可以在股东会对公司一切事项，包括在对进行重大事项表决的时候确保通过。比如，公司增资减资；修改公司章程；公司合并、分立、解散；公司组织形式变更，如公司筹划上市时，有限责任公司变更为股份有限公司。

2.相对控制线51%（股权>1/2）

企业进入发展期，随着外来投资者的进入，或者内部股权激励，创始人持有的股权越来越少，但创始人最关心最想要的还是控股。在控股的情况下，创始人虽然不能操控股东会通过重大事项的决议，但可以保证重大事项以外的其他事项通过，由此实现对公司的管理掌控。

持有股权50%以上，就可以确保股东会通过对如下事项的决议：公司的经营方针和投资计划；选举更换由非职工代表担任的董事、监事，决定他们的报酬；审议批准董事会（执行董事）的报告；审议批准监事会（监事）的报告；审议批准公司的年度财务预算方案和决策方案；审议批准公司的利润分配方案和亏损弥补方案；决定是否同意股东向股东以外的人转让股权；决定是否同意公司为股东或者实际控制人提供担保。

3. 安全控制线/否决性控股34%（股权>1/3），具有重大事项“一票否决权”

在公司快速扩张时期，创始人持有的股权最好在1/3以上。显而易见，1/3是相对于绝对控制线2/3而言的。2/3以上的表决权能够通过关于公司生死存亡的事宜，因此，如果一个股东持有1/3以上的股权，其他任何股东都无法持有2/3以上的表决权，关系到公司生死存亡的重大事项的决议如果得不到1/3以上的股东支持，自然就无法通过。

如此，持有多于1/3股权的股东就在股东会中对重大事项的表决具有“一票否决权”：公司增资减资；修改公司章程；公司的合并、分立、解散；公司组织形式变更，如将有限责任公司变更为股份有限公司等。

股权的67%、51%和34%是创始人对公司在股权层面进行控制的几个关键比例，但当企业发展到一定阶段，取得几轮风险投资以后，创始人的持股比例会被大幅稀释，此时又该如何控制公司呢？主要有以下四个工具：

投票权委托。公司部分股东通过协议约定，将其投票权委托给其他特定股东（多为创始股东）行使。

一致行动人协议。通过协议约定，某些股东就特定事项采取一致行动。意见不一致时，某些股东跟随一致行动人投票，一般是跟随创始人投票。

有限合伙持股（持股平台）。有限合伙企业在中国是一种比较新的企业形式，有限合伙企业的合伙人分为普通合伙人和有限合伙人。普通合伙人执行合伙事务，承担管理职能，而有限合伙人只作为出资方存在，不参与企业管理，只能取得分红。蚂蚁金服采用的就是这种方式。

AB股计划（牛卡计划、双股权架构）。AB股权结构的核心是同股不同权。公司股票分为A类股与B类股；A类股通常由机构投资人与公众股东持有，B类股通常由创业团队持有。但是，A类股与B类股的投票权是不同的。

股权代持。股权代持在实践中用得也比较多，就是我给你一部分股权，但是这个股权在工商局不变更，由你代为持有。

二、董事会是股东控制公司的"尚方宝剑"

如果说享有绝对控股权的大股东对公司来说就像"皇帝"一样说一不二，那么董事会就像"大臣"拿着"皇帝""赐予"的"尚方宝剑"，执行生杀予夺的大权。所以，对董事会的控制也是至关重要的。

企业规模越大、股份越分散、董事会的作用越大，权力也越大。在国外，董事会主要为所有的股东服务，这一点和我国上市公司的情况是不一样的。在我国的资本市场上，控制性股东在绝对控股的同时还拥有大多数的董事会席位，董事会被大股东操控，为大股东服务，这是极为不正常的、违反公司治理基本原则的现象。

大公司，特别是上市公司都是通过董事会来实现对公司的控制，而董事会的表决机制是一人一票，过半数即通过，因此只要控制了半数以上的董事，就相当于控制了整个公司。

2

第二章

公司治理应用

第1节　权力的争夺

这些年来，随着我国经济飞速发展，民营企业也快速成长。民营企业在发展中由于日益增长的管理需求，引入了经理人的角色。而由于对资金的大量需求，投资人也应运而生。但这也往往会带来创始人、职业经理人、投资人之间的控制权争夺问题。控制权争夺问题在全球范围内时有发生，我国企业在这方面的案例也是屡见不鲜。这些资本市场上的控制权争夺案例都预示着创始人、职业经理人和资本的对决大戏已经拉开序幕。我们先看一个案例。

案例1

饮料公司A曾经是我国经济效益较好的饮料企业，宗某为创始人。1996年，饮料公司A通过法国公司融资，组建了合资公司，股权比例是饮料公司A 49%，法国公司51%，但法国公司对饮料公司A却没有实际控制权，双方一直都在进行着控制权的博弈，主要分为三个阶段：

第一阶段，法国公司与饮料公司A从合作开始就出现了较为激烈的控制权之争。虽然法国公司取得了饮料公司A 51%的股权，但是宗某作为饮料公司A的董事长，却有更强的实际控制权，当饮料公司A的盈利能力增强，法国公司意识到这些问题后，便与其展开了较为激烈的经营控制权的争夺。

第二阶段，战略层面的控制权之争。饮料公司A的最大竞争对手饮料公司B被法国公司收购，法国公司采用对饮料公司B加大投资、扩张市场份额的方式，让饮料公司B迅速发展壮大，而对于饮料公司A则采用各种手段抑制其经营发展，最终意图是用饮料公司B将饮料公司A吞并。宗某也采取了积极的对应措施，为了摆脱对法国公司资本的依赖，一大批由饮料公司A内部职工筹资成立的内资公司应运而生。这批公司依附饮料公司A现有的产业链条经营，并取得快速发展。

第三阶段，法国公司想通过协议强行收购宗某手中的非合资公司，宗某也作出了激烈回应。2007年6月，宗某向饮料公司A董事会提出辞职申请，意图告诉大家，如果想吞并他手中的非合资公司，他就将离开饮料公司A。宗某的辞职引发了员工抗议，2009年9月30日，饮料公司A与法国公司宣布已签订友好和解协议，包括法国公司所占51%股份，由中方出资购买，商标归饮料公司A所有。就此为法国公司和饮料公司A长达13年的“婚姻”画上句号。

法国公司与饮料公司A的控制权之争，主要原因有创始股东与投资人法国公司在长远战略目标上的差异，双方在资源和竞争力方面存在差距，等等。法国公司作为外资投资方，主要是利用投资控股取得被投资公司的控股权，从而实现母公司不断扩张并购的战略目标，这种模式无疑会引发对控制权的争夺，法国公司和饮料公司A的博弈是不可避免的。

怎么解决上面的问题呢？这就涉及公司治理问题了。公司治理主要涉及三个方面；第一个是创始人，也就是老板；第二个是经理人；第三个是投资人。整个的公司治理，就是创始人、经理人和投资人之间的游戏，大家怎么相互争夺权力、怎么配合，怎么把企业做大做强。而股权在这三者之间会产生巨大的作用。比如，当公司的创始人要成立公司干一番事业的时候，他就要找几个朋友或者同学作为联合创始人，也叫合伙人，这时候他需要通过股权设计，把大家拉在一起。

当公司股权设计好了，成立了，下一步就是要找人才，找到优秀的员工，并把他们留住。想仅仅靠工资和奖金留住一个优秀的员工很难，因为你的竞争对手可以出更高的价钱把他们挖走，所以股权激励就应运而生，它让核心员工从打工者变成合伙人。

当你有了公司、有了团队、有了项目的时候，你最需要的是资金。怎么取得资金？拿你的股权去融资，这就是股权融资的重要性。

所以，创始人团队、职业经理人还有投资人是靠股权连接、捆绑在一起的。但他们又有各自的诉求，怎么协调相互之间的关系，就是公司治理需要解决的问题。

因为本书是从企业家的立场出发讲的，所以主要讨论创始人和职业经理人之间以及创始人和其他股东之间这两个关系的问题。创始人要防止经理人算计自己，这主要涉及董事会制度、信息披露制度和股权激励等内容。而创始人和股东之间主要涉及股权结构的设计、控制权争夺、公司章程制定等问题。

先说经理人算计老板的问题。为什么会出现经理人侵害大股东或者公司创始人利益的问题呢？主要是由于信息不对称，监督困难，利益不一致，当这三个条件都满足时，就可能会出现经理人算计老板的问题。

案例2

李某成立了一家做儿童培训的公司。后来，李某招了一个团队，其中一个领头人作为职业经理人管理一个校区。李某的想法很简单：我来投资，你们来管理，给你们40%的股权，管理好了，大家都有钱挣。李某的出发点是非常好的。

但这其中出现了一个特别严重的问题，这个团队拿到了40%的股权，却没有出一分钱，钱全部是李某找的。当时还成立了一家有限合伙企业，作为职业经理人团队的持股平台。问题是，这个持股平台的普通合伙人就是那位领头的职业经理人，于是李某对合伙企业失去了控制。

一年多之后，那个校区经营得并不让人满意，赔了不少钱。这时，公司准备吸引一些优秀的管理人才进来，由于职业经理人的阻拦没办法引进，投资也就没有办法进入。李某认识到了问题，准备调整。但由于持股平台的普通合伙人是职业经理人，因此对于李某来说，公司已经完全失控了，他只能通过协商的方式把控制权拿回来，此时职业经理人的欲望已被放大，他也知道股权的重要性，现在就卡在这里，很难推进。

这是一个非常典型的职业经理人算计老板的问题。首先，那家校区完全由职业经理人控制，其信息对李某来说是隔断了，信息不对称；其次，李某没有任何手段监督这位职业经理人；最后，李某和职业经理人的利益并不一致——由于职业经理人没有出一分钱，最后即使赔钱对他来说也没关系，他看重的是每个月他能拿到多少钱、年底分红他能拿到多少钱、拉来一个客户可以拿多少提成，而老板看重的是这个校区的长远发展。由于这三个问题同时存在，就产生了职业经理人算计老板的问题。

企业并不是在发展的各个阶段都存在公司治理问题。在创业阶段企业就很少出现公司治理问题：企业在其创业的最初阶段，一般不会请职业经理人，企业家既是老板又是经理人，是企业的灵魂，拥有很高的权威，员工也就20多个人，这时，管理对于企业家来说是件非常容易的事。信息在老板和员工之间基本上是对称的，而且员工面对面监督也是比较容易的，老板不仅基本掌握公司的信息，而且对每个员工的能力、性格都很清楚，可以通过生日会、吃饭、唱歌达到凝聚人心的目的。

但是随着企业规模逐渐扩大、企业授权体系的建立，即使企业不引进新的投资者，也必然会出现经理人算计老板的问题。当企业的员工超过50人，老板在管理上就会感到吃力，他只能依赖助手，这时他会提拔一些副总、总监或者助理，让他们分担一些管理上的工作，当然，老板还是有时间和机会与部门主管直接沟通的。但当员工发展到100人以上，老板就只能盯住副总、总监和助理了，基本看不见基层了，于是形成了一种管理逻辑：老板依赖高管层，高管层依赖中层，整个企业就形成了一个多层级的结构。

老板的助手如何找呢？先找自己家里的人，家族成员不够，再找同学、朋友等。但家族成员和朋友都是有限的，当企业规模越来越大，公司必然要外请职业经理人。

这个时候就需要设计好企业的组织结构，组织结构主要有两个重要参数：管理的层级和管理的跨度。按照组织行为学教科书的答案，管理的最佳跨度是1个人管5~7人，5~7人管25~49人。那么，一家大公司管上万人甚至几十万人怎么办？这就导致企业的管理层级特别多，比如一些大公司形成12~15层的管理层级。

这就意味着企业在创业阶段、人少时可以依赖创始人的直接监督，但规模扩大了，人员增加了，就必须依赖组织，从人管人向制度管人转变。多层级的组织结构会导致企业决策效率低下，这就必须通过在公司内部由最高管理者进行授权的方式解决。

但授权又进一步导致了经理人侵害老板利益的可能。

经理人算计老板的问题存在以下四种典型形式：

第一种是贪污腐败，拿回扣。即经理人直接侵占老板的资产，这是老板被经理人算计的最常见的形式。

第二种是不合理的在职消费，是经理人算计老板的一个普遍问题。最常见的不合理在职消费包括利用公司公款吃喝娱乐、国内外旅游以及各种莫名其妙的报销。

第三种是不作为。这也是一种常见的经理人算计老板的问题。经理人和老板的利益在大多数情况下是不一致的，老板追求企业资产的保值和增值，希望能以最少的资本投入获得最大的经济利益；而经理人，由于不具有产权，不参与企业利润分配，因而更加看重通过最小的努力获得报酬最大化，如追求闲暇时间享受人生、追求职业稳定、回避风险，等等。比较典型的情况就是经理人对风险决策的回避态度，表面上看是为股东规避风险，实际上是在逃避合理追求风险收益的努力和责任。

第四种是短期行为。短期行为是一种非常隐蔽的问题，也是最难防范的一个问题。只要经理人任期有限，就一定会存在短期行为，而短期算计行为让老板是哑巴吃黄连，有苦说不出。

利益不一致是一个源头问题，解决这个问题的思路是将老板和经理人的利益捆绑起来。体现在公司治理中，就是用股权激励制度将经理人和老板的利益长期捆绑。

总体来说，解决这个问题的思路是先构建以董事会制度为核心的约束机制来加强对经理人的管控，然后以股权激励的方式对经理人进行有效激励，这些内容后面会谈到。

讲完了经理人算计老板的问题，我们再来谈一谈股东算计股东的问题。

刚创业的时候，如果出资人是单一股东或全部是家族内部股东，那么这个时候是不可能有股东算计股东的问题的。随着企业的发展，创始人原来的资金不足以支撑企业新的发展，就需要追加投资。

创始人可能采用股权融资，不断稀释自己的股权以吸引新的股东进入，以使公司迅速发展起来，但同时也使股东之间的关系变得较为复杂。由于利益诉求不同，控制权大的股东就有可能侵占控制权小的股东的利益，这就是我们常说的股东算计股东的问题。

常见的一种股东算计股东的方法是“不分红加关联交易”。

案例3

某钢铁厂的大股东，持股51%以上。在企业取得比较好的业绩之后，他在股东大会上提出不分红，理由是钢材涨价幅度大，市场需求大，扩大再生产后的资本增值远远大于分红所得。

如果小股东同意了他的建议，可能就被他算计了。当然，如果大股东确实将企业的利润全部用于扩大生产规模，这对于股东来说也是件好事，因为大家的资本都在增值。但是如果大股东只是将一部分利润用于扩大生产，而将大部分利益利润转移到自己手里，那就损害了小股东的利益。

这个股东如何转移利润呢？一个可能的方法就是关联交易。他在股东会上会告诉大家这两年钢铁厂的原材料铁矿石涨价很厉害，而且铁矿石公司都不愿意签订长期合同，但是有一家A公司不仅提供的矿石质量好，而且愿意和本厂长期合作，A公司保证优先给本厂供货，只不过价格要比市场高30%——他把这个问题提出来，要大家决策要不要和A公司签约。

如果小股东同意这个决策，就被大股东算计了。A公司提供的铁矿石质量并不优于市场上常见的铁矿石质量，无非是做出来的一个数据。大股东为何这么做呢？因为A公司实际上是他控制的公司，他在A公司持有90%的股份，但法人不是他，股东名册上也没有他的名字。如果利润不转移走，那么100元利润在钢铁厂分配，大股东只能得到51元；而如果将利润转到A公司，大股东就可以得到90元，巧妙地将属于小股东的利益转移走了。

普遍公认的股东算计股东问题的典型形式包括：非公平的关联交易、资产置换、金融运作、转移风险以及分红加配股等。

在我接触的很多企业家里面，他们不仅经营自己的企业，也通过股权投资的方式参与其他企业的一些经营活动。当他入股其他企业的时候，他就是入股企业的小股东，就存在被大股东算计的问题。

这个问题如果解决不好，企业就会面临很大的障碍，不可能再往前发展，因为股东的财富没办法保证，股东就会失去投资的积极性。那么，股东算计股东的问题该怎么解决呢?

股东算计股东的问题如果发生在一个非上市公司中，可以通过公司章程预防。如果发生在上市公司中，解决起来就比较困难，基本思路是通过法律加强对中小股东的保护、股权制衡，建立更加独立的董事会制度、更加透明的信息披露制度等，后面都会谈到。

用动态的眼光来看，并不是所有企业都有公司治理的问题，公司治理是伴随着企业的成长而出现的，有些企业主要是股东算计股东的问题，有些企业主要是经理人算计老板的问题，有些企业是公司实际控制人算计利益相关者的问题，有些企业可能同时存在两种问题，更有甚者三种问题都有，因此公司治理问题的类型可以分为以下几种情况：

第一种情况，融资完全依靠企业内部，融资老板既是投资者又是经理人，这个时候没有公司治理问题，这种情况一般发生在公司的初创期。

第二种情况，融资完全依靠企业内部融资，经理人拥有部分权利，由于没有其他股东和或债权人，所以公司治理的问题主要表现为经理人算计老板。

第三种情况，融资采用股权融资。新进入的投资者不参与公司管理，这时公司治理问题主要表现为股东之间互相算计。

第四种情况，融资采用股权融资，投资人拥有部分权利，这时候不但会出现经理人算计老板的问题，还会出现股东间相互算计的问题。

第五种情况，在以上四种企业形态中，一旦同时采用债权融资，那么在企业行为损害利益相关者的利益时，就将同时出现公司实际控制人算计利益相关者的问题。

第2节　如何设计公司治理制度

公司治理主要涉及创始人、职业经理人和投资人，公司治理就是解决这三者之间相互侵害利益的问题，尽最大可能防止这种情况的出现或减小损害后果。

作为律师，对公司治理这个题目的关注更多来自我在法律服务中的困惑。同样是创业，为什么有的公司成功了，而更多的失败了；相同行业、规模相当的公司为什么有的抓住了行业发展机遇，迅速上了一个台阶，而有的始终徘徊不前，最终沦落到倒闭甚至连被收购的价值都没有了。

同为上市公司，为什么有的通过收购、增发等手段完成了行业和资源整合，使自己的股票价格、市值不断攀升，迅速趋于行业前茅；而有些上市公司却始终没有动作，最终沦落到“卖壳”。

后来，我发现成功的公司各有各的秘籍，但无一例外都有着良好的公司治理。一方面，股东之间、股东和董事会之间需要就公司运营的大事达成一致；另一方面，管理层还要有好的制度和架构保证执行。

对于公司治理，我主要想从律师的视角、从法律角度给企业家提供一些关于公司治理的法律和操作层面的框架性知识，使企业家有机会思考一下自己公司的治理，这不仅有益于发现问题，也有益于正确地解决问题，从而逐步改善公司的治理结构，为公司未来走得更远创造条件。

从公司治理的内容上看，其实质是对股东和经理人权利义务的安排，而权利义务当然是从法律角度给出的诠释较为全面、完整。

从对公司治理的法律规定的角度看，一部分条款是强制性规定，另一部分条款却是意思自治，如何辨别呢？法律可能是最准确的角度。

从公司治理的表现形式上看，它们最终都将表现为具有法律意义的文件，也就是规则，所以通过法律语言能够把问题说清楚。

当然，公司治理作为一个跨越管理学、经济学、法学、金融学、社会学的课题，从不同的角度对公司治理进行研究、分析，目的都是让公司发展得更好，从而实现公司的可持续发展，最大限度地保障公司的利益和股东利益。

因为本书主要是从企业家的立场出发的，所以我们主要讨论职业经理人、投资人和其他股东侵害企业创始人利益的情形，并从这一点出发来讨论公司治理制度的设计。

公司治理是一个企业家在资本运营和企业做大过程中必须掌握的防算计的武器，也就是防止权益被侵害。我们这一节主要讨论一下隐藏在公司治理制度设计背后的逻辑和方法论，因为将西方公司治理具体制度简单移植到我国企业，对绝大多数企业来说是没有用的，但背后的逻辑和方法论对我国企业还是有用的。

股东之间、股东和经理人之间总存在不同的利益诉求，每个人都希望自己的利益最大化，因此利益冲突是不断的。有冲突自然就会有博弈，能够最大限度满足每个人利益诉求的博弈自然就是共赢博弈，而要达到共赢博弈的结果，股东之间、股东和经理人之间就必须学会妥协。

不知道大家有没有见过这样的场景：公司的董事长和总经理在一个办公室办公。有一次我做企业调查，去了一家企业，这个企业名气很大，当时是董事长安排总经理和我聊，总经理是一名职业经理人，能力非常强，企业做得非常好。

我们进办公室谈的时候，董事长也跟着进来了，这个办公室不太一样，办公室非常大，摆着两张办公桌，董事长一张，总经理一张，中间是沙发区。我去过的一般的民营企业都是董事长办公室大，总经理办公室小，两个人在一个屋办公还是第一次见。我跟总经理坐在沙发区里聊，董事长一声不吭，坐在旁边。

后来我才知道，他们平时就是这样，两个人一个屋，董事长从来不说话。为什么呢？因为当时董事长觉得自己的能力不能应付企业的发展，就决定请一个职业经理人。怎么控制职业经理人呢？他找了很多专家出主意，有的人建议他成立一个董事会，有的人建议他给经理人股权激励，董事长觉得这些主意虽然好，但自己确实有点搞不懂，他核算后想，反正自己没事干，就和总经理在一个办公室，整天盯着他，看他怎么管理，等自己也学会了，即使经理人走了，也能把企业继续做好。

这个董事长非常勤奋，知道自己的能力有限，才请职业经理人，然后监督，这是一个“人盯人”的方案。

这虽然是个故事，但有助于我们理解公司治理的本质。公司治理需要研究企业中各种利益关系，搞清楚自己的利益所在，并找到一种最适合自己的维护自身利益的方法。

老板出钱投资，但企业通常是交给职业经理人经营的，而经理人的利益和老板的利益不一致，他们之间的信息也不对称，而且老板对经理人进行全面及时的监督是有困难的，于是企业家就需要找出一种适合自己企业的方法来约束和监督经理人。董事会是一种方法，股权激励是一种防算计武器，刚才讲的“人盯人”也是一种方法。

如何选择一种适合自己的方法呢？一个简单而有效的判断原则是：这种方法企业家一定要会用，也就是要与企业实际情况和企业家的能力相匹配，而且使用的成本最小，收益最大。

所以，对于企业家来讲，重要的不是关注公司治理结构、股东大会制度、董事会制度、监事会制度、信息披露制度和独立的外部审计制度等公司治理的“形”，重要的是要学习这些制度背后的“道”，然后结合企业实际，寻找合适的“术”。

股权设计就像地基，而公司治理就像地基做好以后一层一层地把楼盖高。公司治理模式好了，你的楼可以盖几百层，公司治理模式不好，可能也就盖个两三层，所以它能决定公司的未来。

所以，企业家在设计公司治理的制度时，一定要根据人性的混杂特点来设计，最基本的指导思想和原则是抑恶扬善，打造利益共同体，鼓励经理人要有好的品质。对于善，不能靠压榨，只能靠激励，激励人性中善的部分，使经理人愿意为企业作贡献。高级管理人员工商管理硕士（EMBA）的一些课程，如领导力、企业文化、学习型组织、管理沟通和人力资源，目的都是创造这种扬善的后天制度环境。

这种制度环境还有一部分是抑恶的，使人性中的恶不容易长大，能够被及时地发现和消除。公司治理中的约束机制实际上主要就是用于抑制任性的恶，对经理人身上不好的东西，或者不希望在企业中发生的行为，采取事先的约束制度严格约束。

公司治理作为一门重要学科，起源于法学，因此，公司治理制度设计也特别重视程序主义，强调预先用合同的形式将企业家、经理人和投资人的关系固化下来，在执行过程中严格按照约定进行。

我们在研究公司治理的理论之后，具体到设计每个企业的制度时，既要对这些理论进行综合运用，又要做到三个对等统一。

第一，收益索取权和剩余控制权的对等统一。

收益索取权就是企业总收入扣除成本及相关费用，剩余的净利润的索取权。按照法律的规定，收益索取权归股东所有。

而剩余控制权是指合同中无法规定的对企业资产和经济活动的指挥权。比如，我们去三亚旅游，和租车公司签订了一份租车合同，租了一辆汽车，每天300元，那么这5天到底跑多少公里合同就没法约定。车到手后我怎么用，租车公司也无法监督。合同无法约定的这部分就是剩余控制权。

在企业管理中，剩余控制权的产生，是因为企业中有些权力难以用合同的形式事先完全约定清楚，因为未来总是充满各种各样的不确定性，那么在企业中剩余控制权掌握在谁手里呢？谁干活谁掌握。因此，企业大部分的剩余控制权掌握在各级经理人手里。

这就出现了矛盾，收益权归股东所有，收益权是由掌握控制权的人创造的，而公司绝大部分的控制权掌握在经理人手里，却享受不到收益权，所以他凭什么去努力创造收益呢？

其实收益权和控制权对等统一的关系是，享有收益权的股东应该拥有最终的控制权，拥有剩余控制权的经理人也应该获得相应的收益索取权。这种对等是非常重要的，以至于可以说它是理解所有公司治理制度的关键所在。

第二，风险和收益的对等统一。

风险和收益对等原则是公司治理制度设计中的一个重要理念。在企业的利益分配中，承担多大的风险就享受多大的收益，同样，想有多大的收益就应该承担多大的风险。

经济学划分了三种风险态度，按风险接受能力划分为：风险爱好、风险中性和风险厌恶。风险态度决定一个人的位置。

比如，为什么有的人能当企业家，有的人只能当职业经理人？从理论上讲，职业经理人的管理能力可能还优于企业家或者创始人，但职业经理人和企业家对风险的态度是不同的。企业家对风险大部分持风险爱好或风险中性的态度，他们敢于冒险，至少不回避风险。而职业经理人一般都是风险厌恶者，他们更愿意拿固定的收入，而不愿意承担更大的风险。

第三，激励和约束的对等统一。

很多企业家参加了大量的EMBA或者总裁班课程的学习，一个重要的目的就是管好经理人。那么，如何才能管好经理人呢？一些领导力、人力资源、公司治理、财务管理、企业文化执行力等课程，都从各自学科的角度给予了大量的建议，但实际情况是企业家学习了一大堆方法，当回到企业却很难落到实处。

为什么会这样？先说讲课的教授，可能自己没有经营过企业，讲的都是理论，理论和实践是脱节的。就像游泳，学了再多游泳的理论，如果不去游泳池里实践，也是学不会的。还有一点就是，大家在课程里学到的都是方法、工具，属于“术”，而没有掌握这些方法和工具背后的逻辑，也就是“道”。

其实，管好经理人很简单，企业家只要掌握两种武器就可以了：恩惠和约束。

恩威并施，用公司治理的术语来表达就是激励和约束的对等统一，这两类制度是针对人性是混杂的这一特点来设计的，缺一不可。

公司治理中的激励机制和约束机制不可能单独取得好的效果。约束机制强调对经理人的监控和约束，而激励机制强调股权激励，如果制度设计偏重约束机制，虽然有可能消除一些经理人侵害老板利益的问题，但是一方面会付出较大的制度成本，另一方面也不利于鼓励经理人承担风险、追求企业价值最大化。

如果一味依赖激励机制，如股权激励制度，而忽视对经理人的监控和制约，就有可能出现在企业家激励经理人的同时，经理人用各种方式损害企业家利益的情况。如果缺乏有约束的激励，可能还出现被激励的经理人为获得到期的增值收益而做出损害股东的行为的情况，因此公司治理的制度设计一定要强调约束机制和激励机制的对等统一。

公司治理可以理解为企业的所有利益相关者之间的一种合同安排，即通过合同将股东、投资人、职业经理人等连接起来。一个有效的公司治理制度必须具有约束和激励相结合的机制，这样才可能最大化企业的总价值。所以它必须是一个多赢的制度安排，不能通过对一方的损害使另一方获利，因为这些合同是自愿签订的，如果存在对某一方的损害，受损害的一方可以退出。

第3节　股权结构与控制权

股权结构和控制权息息相关。有些公司的股东通过一系列的操作，用少量的股权控制了公司，并利用这种控制权侵害其他股东的利益。大股东侵害小股东利益的问题主要表现为两种形式：

第一种是上市公司的大股东通过上市公司赚到钱，再将钱转移到自己控制的私人公司。

第二种是公司大股东以各种方式侵害小股东权益。

在这两种形式中，股东算计股东的手段都是通过股权结构设计获得对企业的控制权，将企业作为牟取利益的工具。

此处重点讨论上市公司的控制性股东对上市公司的掏空行为。掏空是指控制性股东将上市公司的利益和资产转移到自己手中，使上市公司成为一个空壳。

此处会揭露一些上市公司资本大挪移的手段。需要提醒的是，这些运作技巧原本是资本运作过程中四两拨千斤、以较小代价获取较大控制权的一些运作方法，本没有善恶之分，但是被上市公司的控制性股东利用，就变成了其侵害小股东的工具。所以，大家一定要注意，可以把我们学到的内容用于未来企业的投融资互利，但千万不要用这些方法侵害别人的利益。

如果一个上市公司的大股东没有其他的公司，那么他虽然是控制性股东，实际上并不会出现太多侵害中小股东利益的情况，但这样的上市公司比较少。一般来说，上市公司只是某个多元化集团公司或控股公司下属的一个子公司，它们的实际控制人往往通过复杂的股权或债权结构，控制着整个集团。上市的并不是集团整体，而只是其中一个概念比较好、比较容易在资本市场上融资的子公司。

很多专家对于集团公司的多元化都有着明确的建议，即和主营业务相关的多元化是可行的，而与之无关的多元化会分散企业的精力，一般不赞成。这实际上就是企业是先做大后做强，还是先做强后做大的问题。我想大家都知道这个答案，企业一定要先做强再做大，不要盲目进行无关的多元化。

但现实中的情况却不是这样的，尤其是在新兴的资本市场中，众多控制着上市公司的集团公司往往跨越若干个行业进行多元化发展。这是为什么呢?

第一，企业集团的实际控制人一般是一个家族。

第二，家族直接控制的企业有主要的产业公司、银行、证券公司和保险等金融机构以及贸易公司等，主要的产业公司是指家族靠它发家的企业。

家族企业集团在发展过程中一定会想办法控股或参股一些金融机构，如银行、保险公司或证券公司。这是为了寻找家族企业集团的金融运作平台，并将这个平台打造成被家族实时控制的一个重要工具。

在家族直接控制的第一层企业中，通常都会有流通性比较好的企业，这些企业一般来说，现金流都比较稳定，这些现金主要用于解决整个集团的现金流问题。

第三，以主要的产业公司、金融机构和流通性企业为核心，第一层公司之间通过复杂的股权和债权关系，形成第二层企业。第二层企业，包括各种实业企业、股权投资企业、商业流通企业等，家族企业集团会在第二层企业中构建风险投资公司或私募投资公司，目的就是为家族构建股权投融资的平台，如新希望投资公司。

第四，在众多企业当中一定要有一部分公司上市，但不能把所有的公司都变成上市公司，一定是让少数上市。假如他们通过各种办法控制了上市公司，那么在上市公司与上市公司之间、上市公司和非上市公司之间往往会存在很多关联交易，这些关联交易是由家族的控制人来协调的。

把以上所有因素集中在一起，就形成了一个家族控制的企业集团。在企业集团结构中上市公司的上市目的就很明确了，可以是为了融资，也可以是为了筹集资金。筹来的钱放在哪儿呢?可以肯定的是不会放在上市公司，而是通过复杂的关联交易，转移到控制性股东的私人公司中，最终的目的是转移到企业集团的最上层家族手中，同时将家族中不好的资产搬到上市公司中。

对于上市企业来说，上述的企业集团股权结构确实也能够起到分散投资风险，提高融资效率，降低交易成本的作用。但是，在这样的股权结构之下，在法律对中小股东保护不健全的国家，大股东通过算计其他股东获取巨额收益的积极性就会大为增加。他们只要付出较小的代价，就可以获得巨大的收益。

第4节　用公司章程保护股东权利

一些企业的创始人根本就不重视公司章程。在我这些年接触的客户中，大多数企业的公司章程使用的都是工商局的范本，没有进行任何修改，当真正出现了争议的时候，却发现很多关键的问题在公司章程里没有约定，但也没办法再修改了。

对于股东权利的保护，关键在于公司控制权的合理配置。其中最有效的武器有两个：一个是以公司法为代表的各种法律法规；另一个更重要的就是以公司章程为代表的股东自治文件。

股东是公司的投资人，持有公司的股权或股份，以出资为限承担有限责任，依法享有资产收益，有参与重大决策和选择管理者的权利。作为投资人的股东，依法享有的权利大都是公司法赋予的，我们将这种权利来源称为法定权利，也就是法律上规定的权利。

股东的法定权利主要包括两个方面：一方面是享有以资产收益为代表的财产权；另一方面是享有以参与重大决策和管理、选择管理者为代表的身份权。财产权是股东投资一个企业的最主要目的，然后获得股权增值的收益。而身份权是保障财产权的一个手段，没有身份权也很难实现财产权。

股东权利主要有十一项，包括：股东身份权，知情权，质询权，表决权，召集和组织股东大会的权利，投资收益权，提案权，违法决议撤销权，股权回购请求权，请求解散权，诉讼权。

这些权利都是法律上明确规定的，也就是法定权利，它很重要，因为它是对投资人股东权利最基础的保护。但是从某种意义上看，法定权利对所有公司都适用，兼顾了所有公司的问题，因此对公司的特殊问题也就无能为力了。而现实中的每一个企业都有自己的特殊性，公司的发展又充满了不确定性，只能依靠法律来保护股东权利，显然是不够的。所以，每个公司都必须根据自己的特殊情况，在法定权利的基础上再赋予股东一些确实能够被保护的权利，即所谓的章定权利。章定权利就是指公司章程等由股东自治文件所赋予股东的权利，下面就谈论一下对股东而言最重要的文件——公司章程。

只要公司章程中的约定没有违反法律规定，就受到法律保护。这在立法上是一个了不起的进步，同时也使公司章程成为股东控制权争夺的一个重要武器，而很多股东不重视这种武器，导致自己在公司发生争议的时候非常被动。

案例4

某机械销售公司是一家民营企业，主要代理销售工程机械产品。公司成立的时候有两名股东，甲和乙每人出资100万元，各占50%的股权。两个人以前是同事和朋友关系，他们协商由甲担任法定代表人，执行董事和总经理，乙担任副总经理和监事。公司成立后不到两年，在当地行业内名列前茅。

到了2000年，在公司生意最红火的时候，乙发现自己在公司没有实际的控制权，他感觉这个公司的内部管理，包括人事权、财务权，都由甲一个人说了算，后来甲直接免掉了乙的副总经理的职务。乙也持有50%的股权，所以不服，就向甲提议召开公司股东会。因为公司成立以后没有开过一次股东会，所以希望通过召开股东会重新选举公司的组织机构。乙拥有50%的股权，他觉得执行董事和总经理两个职务里至少有一个应该由他来担任。

但是，这个股东会最终也没有开成，因为按照公司章程约定，召集股东会的权利掌握在执行董事甲手里，乙虽然拥有50%的股权也是公司的监事，但他只能向执行董事提出召开股东会的建议，在这种情况下，甲拒绝召开股东会，乙也无能为力。

在无奈之下，乙打算卖掉自己的股份，但没人愿意接受他的转让，因为谁接受了谁就会被甲控制，享有不了公司的权利。乙让甲来收购这50%的股份，但甲又不想花这个钱。因为随着公司市值的增加，这50%的股份已经不是原始的100万元了，已经上千万元了，这样一来，乙便陷入了一种进退无路的尴尬境地，乙就想解散公司，但按照当时的公司法和公司章程的规定，解散公司需要公司2/3以上表决权的股东同意才能通过，而乙只有50%的股权，面对同样拥有50%股权的甲，根本不可能形成2/3以上的意见，所以乙也根本没有办法达成目的。

这就是因为当时公司章程约定得不清楚，导致出现了这种对乙极为不利的情况，特别是乙本身还拥有50%的股权，不属于小股东，那小股东更不必说，在现实生活中类似的案例还有很多。许多人在投资创办公司的时候，就不太注意公司章程的约定，一些人往往不好意思把账算得太清楚，把话说得太绝。但这是一个误区，做公司最重要的就是在创立公司初始时，趁大家关系还好，亲兄弟明算账，否则将后患无穷。

公司法赋予股东的法定权利能提供给股东的保护也是非常弱的，而每一个公司都有自己特殊的情况，股东权利保护的大量细节需要在公司章程里规定，只有这样，作为投资者的股东才能有效地保护自己。在上述案例中，甲的行为违法了吗？不违法，只不过是在制定公司章程的时候，约定得不明确。公司章程的重要性可见一斑。

这一节我们就来详细地聊聊公司章程应该怎么制定。

几个人合伙成立公司的时候，要有公司章程和股东协议，这些属于股东自治文件，都是股东权利的重要来源，也是公司控制权配置的重要“武器”。公司章程和股东协议有什么区别呢？公司章程对于整个公司的股东、董事、监事、经理都具有约束作用，而股东协议主要是约束签订协议的股东。

章程是公司设立的最基本条件和最重要的法律文件。无论哪一个国家注册公司，都需要先订立章程。公司章程规定了公司股东、董事以及经营者相互之间权利义务的关系，是公司对内管理的根本准则，也是公司最重要的法律文件。

公司章程的记载事项也就是内容，可以分为强制记载事项、推荐记载事项和任意记载事项三类。

强制记载事项是指法律规定公司章程中必须记载的事项，这部分内容如果不记载或者记载不合法，将会导致整个公司章程无效。比如，公司章程里必须要有公司名称和住所、公司的经营范围、注册资本、股东的姓名和名称等。

相对记载事项也就是推荐记载事项，是指法律列举了一些内容，可以由公司选择记载，一旦在公司章程里得到体现就具有法律效力。比如，关于有限责任公司股东会的表决机制。对于有限责任公司，公司法上明确约定像公司合并分立、修改公司章程、解散等事项，必须要经过持股2/3以上股东的同意才能通过，这部分内容属于强制记载的事项。而对于公司的一般事项的通过，公司法上明确由公司章程进行约定，但很多有限责任公司的公司章程里也没有约定这部分内容，那么对于公司一般事项的表决如何通过，就会产生争议。

任意记载事项指的是法律上并没有明文规定，但股东们认为需要协商在公司章程中约定的内容。比如，公司的破产，如果公司本身作为债务人申请破产，是要通过股东会表决还是董事会表决以及表决的比例问题，公司法上并没有约定，在现实中这种情况也是很多的，于是就产生了大量的争议。

再来说说股东协议。股东协议虽然不能直接约束董事、监事以及经理人，但是股东协议中约定的内容可以影响公司董事、监事和经理人的权利分配，所以股东协议在公司资本运作中也是一种重要的控制权分配手段。

公司章程和股东协议的共同点是，它们都是公司和股东实现自治的手段，对股东利益的分配和权利行使有不同程度的影响，但需要注意的是，公司章程对公司的所有股东、董事，监事和经理人都具有约束作用，而股东协议只能约束协议的当事人，也就是股东。当股东协议和公司章程之间产生冲突时怎么处理？这要看情况。违反了公司章程中强制记载事项的股东协议是无效的。如果和相对记载事项、任意记载事项不一致，都没有违反法律法规的规定，那么股东协议对于签约的股东有约束作用，但不能约束公司其他股东、董事、监事和经理人。

下面我们主要谈一下公司章程中应该约定的主要内容。现在，太多企业的公司章程都是工商局提供的标准范本，而在这个范本里面，对处于弱势的股东权利的维护几乎是没有规定的。所以，弱势的股东或者小股东，在决定把钱投入企业之前，一定要把公司未来可能出现的问题想清楚，在公司章程里进行约定。如果实在没有办法在章程里约定，也要通过股东协议的方式约定清楚。

在公司章程中，最主要的内容是围绕着保护股东的知情权、提案权、表决权和投资收益权这些内容进行约定，下面我们来分别讲述。

一、知情权在公司章程的约定

股东权利中最基本、最重要的是知情权制度的确立。任何一个股东，哪怕是只拥有1%股权的股东，都必须拥有查阅公司章程和股东会议记录、会计账户的权利，只有保障了股东的知情权，股东才可能拥有决策需要的信息，才能更好地行使其股东权利。也就是说，只有在股东知情权得到保障的前提下，表决权、分红权、增值权等权利才能得到充分的保护。

知情权又包括查阅权、质询权和公司经营状况调查权。查阅权是知情权的前提和核心，知情权能否有效行使取决于查阅权能否被充分地行使，这部分内容在公司章程中一定要有明确的约定。

二、提案权在公司章程中的约定

股东提案权是指股东可以向股东会提出议题和议案的权利。提案权设立的初衷是防止对一股一票制度的滥用，以弥补小股东的弱势地位，更好地保护小股东的权利。

这个制度的实质意义在于促使大股东、董事、监事和经理人与小股东沟通，保证小股东的正当要求能够被倾听，进而影响公司经营决策，在一定程度上促进公司的公开和透明。我国《公司法》仅规定了股份有限公司的股东提案权，对于有限责任公司的股东提案权没有具体规定，所以一定要在公司章程中明确约定。否则股东会的议程就会完全被大股东操作，而小股东关心的事项永远得不到讨论。

三、表决权在公司章程中的约定

小股东是否能真正参与公司重大事项的决策，关键在于表决权体系的设计。在股东会或股东大会上，股东直接投票决定公司的大事，而如何在确保大股东权利的基础上让小股东具有实质的表决权是非常关键的。一个高效并且公正的表决权体系应该具有这样的特征：以一股一票制度为基础，使用累计投票制度，并且采用代理投票制和表决权排除制度。公司法对这几种投票制度都有规定，但还是要根据自公司自身特点，在章程中对一些重点事项进行约定，切实地保护小股东的利益。

一般在股东会上并不按人数多少进行表决，而是按照股份数量进行表决，这就是所谓的一股一票制度和资本多数决制度。一股一票的投票制度是股东平等原则的具体体现，而股东平等原则是股东权利保护的一项基本原则，贯穿于公司法的整个领域，同时也是公司治理的一个基本出发点。

资本多数决就是在股东会上按照一股一票，少数服从多数的原则进行。股东会的决议要有效，必须符合两个方面大的要求：一方面要求占已发行股份多数的股东参会；另一方面需要出席会议的股份表决权的多数同意，即同意的表决权总数占出席股东会表决权总数的多数。如果公司章程没有特殊的规定，一般决议采用简单多数通过的原则。简单多数指的是股东会在作出普通决议时，应该有代表股份总额1/2以上的股东出席，并由出席会议的持有1/2以上表决权的股东同意方可通过。

而特别决议适用于法律专门规定的特别事项。比如，在决定是否解散公司、是否同意并购一家公司时，股东会要采用绝对多数通过的原则，绝对多数指的是股东会作出特别决议时，应由2/3以上表决权的股东同意方可通过。

累计投票制度指的是每个股东可以累计自己的投票进行表决。如公司要选三名董事，假设小股东每名董事有一个投票权，这三个投票权可以用在同一个董事身上，这就叫累计投票权，它是一股一票制度的例外，使小股东的投票权能够得到保障。

代理投票制度其实就是投票权委托，是指不能出席股东会进行投票的股东可以委托代理人出席，股东会由代理人向公司提交授权委托书，并在授权范围内行使投票权。这个在之前的章节中讲过，大家有兴趣可以回看一下。

表决权排除制度指的是股东大会表决时，对表决事项有特别利害关系的股东不能参与该事项的表决，以防止大股东通过关联交易损害小股东权益，加强对小股东的保护。

以上几种制度如果能体现在公司章程中，将有利于保护小股东的利益，避免整个公司被大股东绑架，成为一言堂。

四、投资收益权在公司章程中的约定

一个股东投资一家公司，无非是为了获得公司未来的利润分红和股权增值，但现实中，一些大股东经常在企业赚了钱之后不分红，找借口要扩大企业再生产，而实际上公司的利润只有一小部分用于企业的再发展，大部分都被他们通过关联交易、违法违规的抵押担保等手段转移到了自己手中。

投资收益权是股东最根本的权利之一，如果这个权利得不到保护，那么小股东很可能会血本无归，因此，要在公司章程中对投资收益权进行约定。股东投资一个企业的最终目的就是获得收益。

最积极的约定是在公司章程中规定强制性分红政策，比如约定每年至少将净利润的30%用于分红，如果有股东提议不分红，将利润用于企业的再发展，那么除非所有股东同意，否则必须分红。

还可以约定特定情况下股票回购的请求权，保留小股东的退出机制。比如，在公司章程中可以约定，如果大股东连续两年不同意分红，而小股东坚持要求分红，那么就可以要求公司回购小股东的股份。最好约定回购的期限，如在小股东提出申请之日起6个月之内。另外，要约定股权回购的价格，在股东和公司协商股权收买价格时，应该考虑对所有股东的公平性。建议在公司章程中约定由股东共同邀请符合资格且与公司股东无利益冲突的会计师事务所进行资产评估，最好细化到聘请会计师事务所的流程方法和付费办法等事项。

公司章程是一个公司的基本法，股东们对公司章程不重视，就会导致在出现纠纷的时候缺少依据，或者缺少一种解决纠纷的机制，最终可能会导致一个非常有前途的公司解散，这样的案例数不胜数。

所以，大家在成立公司的时候，一定要详细地约定公司可能涉及的各方面事项，如果不方便在公司章程里体现，可以通过股东协议的方式进行约定，这时就需要找专业的律师。对于公司长远发展来说，公司章程的重要性不亚于股权比例的分配，因此大家对公司章程一定要重视。

第5节　公司治理的五道防线

在公司治理中，人们最关注的其实不是股东损害股东利益的问题，而是经理人损害股东利益的问题。因为很多民营企业都属于家族企业，股东其实都是一家人，因此对于这些企业来说，公司治理问题其实就是经理人侵害股东利益的问题。

如果我们把经理人侵害股东利益的行为根源称为经理人的道德问题——这在经济学上叫作经理人的道德风险，那么公司治理就可以被看作防止经理人道德出现风险的防线。从实践中看，总共有五道基本防线，包括：股东大会制度；董事会制度；信息披露制度；独立的外部审计制度和公司控制权市场。这五道基本防线的目的是控制和约束，属于治理的约束机制，旨在尽量解决股东和经理人之间信息不对称以及股东难以直接监督经理人的问题。而对经理人的股权激励制度是通过股权激励的方式起到关键的约束作用。

这些防线的基本治理逻辑：法律有效保护股东权利；股东的权利主张和利益诉求通过股东大会得到保护；股东能够有效控制董事会，在股东大会闭会期间，董事会代表其选拔监督和激励经理人；信息披露制度直接解决控股股东、小股东和经理人之间的信息不对称问题，为股东的决策提供真实的信息，几道防线相互配合，基本上就能解决经理人算计老板的问题。

公司内部治理结构的治理逻辑：股东大会是公司的最高决策机关和权力机关；董事会是公司的执行机关，对股东大会负责，遵守股东大会的决议，指导公司业务的执行；监事会是公司的监督机关，对股东大会负责，对董事长、董事会和经理层执行公司管理事务和会计事务实行监察。监事会作为与董事会平行对等的机构，直接对股东大会负责，与董事会相互独立、互不隶属，这种治理结构，理论上讲是最完美的模式，但实际效果如何呢？

我国的公司治理制度学习了英美模式和德日模式，但制度运行需要一个融合过程，不考虑制度的兼容性和匹配性，而简单地将一些制度堆积在一块，实际效果是很差的。

公司法虽然明确了监事会的职权，但并没有明确赋予监事会强制董事履行责任的权利，也没有规定董事会和经理层必须定期向监事会报告。监事会在选择董事会成员和经理人人选的时候没有话语权，这使得监事会的权威性受到很大的影响。而且监事会中的职工监事都是企业内部人员，他们的薪水、升职都受制于董事会和经理层，怎么可能让他们做到独立监督呢？基于这种事实，我们在讨论经理人道德防线中没有提到监事会制度，也不再单独讨论监事会的内容。

一、股东大会制度

由于股东大会开一次并不容易，尤其是上市公司可能就是一年一次，因此不能将所有鸡毛蒜皮的小事都搬上股东大会讨论，股东大会应该关心企业的大事，那么哪些才是大事呢？

这里有两个判断标准：第一，股东大会讨论的内容应该涉及股东的价值和风险；第二，如果这些事由管理层、董事会决策，可能会损害股东的利益，因此这些事项的最终决策只能由股东大会作出。

具体来说，股东大会决策的内容都是对企业比较重要的，主要是人事权、财权、事权三个方面。

从人事权的角度看，股东大会决策的内容包括对董事、监事的选任、解聘和付酬，股东大会以决议的形式予以决定；而补选董事、监事以及董事会和监事会的改选等事宜，则要通过表决的形式予以决定。

从财权的角度看，股东大会最重要的就是要讨论上一年度的利润分配或亏损弥补方案，本年度的财务预算、决算方案以及重大投资计划等。

而从事权的角度看，股东大会决策的内容包括：公司的经营方针和投资计划、变更公司章程、公司的解散、合并或分立等对公司有重大影响的事项。

股东大会制度对经理人的治理是间接的，法律上股东没有权利直接调换经理人，但股东可以通过手里的投票权制约董事会，使董事会更加关心股东的诉求，按照股东的意愿对经理人进行监控和激励。

二、董事会制度

董事会制度是五道基本防线中最核心的防线。虽然股东可以通过股东大会对经理人施加压力，但是它起到的作用是间接的，而董事会可以直接选择聘任或解聘经理人并直接决定经理人的报酬，董事会对经理人的监督和威慑是直接的，而且效果也是最好的。

如何构建一个高效的董事会制度呢？我们必须认识到董事会在本质上是要解决股东面对面监督经理人很困难这个问题的，它要让监督变得容易一些。但如果董事会制度没有设计好，将会给公司带来严重的后果。

要想建立一个代表所有股东、真正独立而且公正的董事会是很难的，在新兴资本市场中，这个问题可能更严重。

虽然建立理想的董事会很困难，但董事会确实是大型企业，尤其是上市公司中的有效治理制度，因此，我们还得想办法让董事会制度尽量高效一些。

笔者的建议：先建立一个以股东为代表的董事会，股东们逐渐熟悉董事会制度的运作规律，上市后将董事会演变成管理型董事会。上市一段时间后，股权不再集中，而且公司的各种管理制度也比较规范了，这时就必须将管理型董事会演变成治理型董事会。治理型董事会不强调权力，而要保证有效决策。在这种类型的董事会模式下，董事会和管理层能够在战略决策上真正合作，并且双方能够经常寻求股东的参与。

三、信息披露制度

信息披露是董事会制度的辅助制度，目的就是尽量减少股东和董事会之间以及董事会和经理人之间的信息不对称，保护股东的知情权，使股东能够了解更多的有关公司的真实信息，正确决策。信息披露制度可以使得董事会的决策和监督职责落到实处。比如，一个控制几家子公司的企业集团，股东都是亲属，公司也没有上市。在这样的一个家族企业集团中，公司大量的信息并没有掌握在老板手里，而是被经理人掌握着。这时，上市公司信息披露制度，基本上可以直接用于解决公司和集团之间的信息不对称问题。

当然，这种情况并不是发展到集团公司才出现，只要公司的规模使得老板不可能所有事都亲力亲为，需要授权给经理人，就会出现老板和经理人之间信息不对称的问题，规模越大，不对称程度越高。这种时候，即使不直接使用上市公司的信息披露制度，也可以使用信息披露的逻辑和方法来解决信息不对称的问题。

具体来说，披露的信息包括财务信息和非财务信息，非财务信息又包括股权结构、公司治理结构以及董事和经理人的报酬等。

四、独立的外部审计制度

信息披露制度的存在是为了解决信息不对称的问题，但是如果披露的信息是假的，还不如不披露。因此，在经理人提供的年报对外披露之前，必须有独立的第三方会计师事务所对其进行审计，确保财务信息的真实性。这就是为什么所有资本市场对上市公司都规定了法定审计制度，这条制度和信息披露制度是相辅相成的，它们共同作用，保证了信息披露的及时、全面和有效。

五、公司控制权市场

公司控制权市场是公司外部治理结构中的关键制度，又称资本市场的约束，对经理人行为的约束是通过接管和兼并方式进行的。公司控制权市场发挥公司治理作用的一个重要前提条件是股权高度分散，它在我国资本市场上发挥的作用还不明显，就不详细讲了。

第6节　治理型董事会制度

高效的治理型董事会的一个基本特征是它能代表所有股东有效地行使监督和决策这两个基本职能，独立而且公正。要设立一个高效的治理型董事会，我们需要回答以下几个问题：

一、非上市公司需要董事会吗

按照相关规定，上市公司必须要有董事会。那么，对于大部分的非上市公司，董事会有存在的必要吗？

董事会的权利本来是股东的，但是由于股东的人数众多，股东没有办法直接行使权利，这时，董事会作为股东会的信托机构存在才有意义。因此，董事会制度对于上市公司和国有企业来说是必需的，因为股东难以直接行使自己的权利。

那么，一个非上市的民营企业，假如股东只有5个人，而且这5个股东都在企业任职，这时，有没有必要像上市公司一样，聘请一些外部董事，由他们构成一个董事会，还是将股东会、董事会合二为一？

在回答这个问题之前，先要确认公司是否想上市、是否要引入风险投资。如果答案是肯定的，那就要建立一个董事会，因为外部投资者进入公司后，他们需要通过董事会这个平台参与公司的经营管理、保护他们的资金安全。

董事会制度有它自己的运作规律，越早建立董事会制度，就越早掌握这种运作规律。此时建立董事会，决策和监督还是几个股东的事，但外部董事带来的专业知识和能力，至少可以使得董事会发挥顾问、参谋和咨询的辅助职责。

当然，如果公司在5年乃至10年内只做实业，不考虑股权融资和资本运作、不考虑上市，那么股东会和董事会合一就是一个合理的、低成本的选择。

二、如果建立董事会，董事会的规模多大合适

既然决定建董事会，一个关键的问题就是董事会需要多少人。《公司法》规定，有限责任公司的董事会人数是3~13人，股份有限公司的董事会人数是5~19人。头尾都是单数，而且大部分企业董事会的人数都是单数。理由很简单，因为只有单数才能够有效决策，如果是偶数，就会出现票数相同的情况，就可能决策不了，但这一定对吗?

将董事会的人数设为单数，表明我们在决策的时候看重的并不是决策的科学性，而是希望董事会在决策中一定能够分出胜负，一定要有一个赢家。有一些公司特意将自己的董事会人数设置成偶数，特别是一些风险频发的行业中的企业。将董事会的人数设置成偶数，实际上就是风险管控的第一道防线。比如，当董事会的规模为7人时，在决策一件风险较高的方案时，4个人同意做，3个人不同意做，那么最后结果肯定是要去做这件事，但4∶3的态度就表明这件事的争议很大，风险也很大，通过决策的话，必然会给公司带来风险。而如果董事会的人数是偶数，如8人，那么就有可能4个人同意做，4个人不同意做，那么这件事就可以暂时放一放，稍后再议，这就成功地控制了风险。

从高效董事会的角度出发，对于一些初创的有限责任公司，我们建议董事会人数3~9人；而对于上市公司，我们建议的董事会规模是8~15人。董事会规模并不是越小越好，也不是越大越好，要看它为公司带来的好处是否大于弊端。

最适宜的董事会规模，应该保持一个既能充分讨论，又能准确快速地进行科学决策的人数。董事会人数多的好处主要是可以聘请一些有经验和有知识的外部董事，弥补内部董事知识结构和阅历上的不足，从而使董事会的议题得到充分的讨论，减少公司的经营风险，提高决策的准确性。但是董事会

的人数太多了，也会影响决策的效率。

董事会人数少的好处是效率可以得到提升，可以提高董事会的决策效率、增强董事个体的责任心，从而提高公司业绩。但董事会的人数太少，则可能使各个委员会建立不起来，影响董事会职能的实现。

三、谁可以做董事

董事会是由内部董事和外部董事构成的，而董事会的决策和监督两个基本职责，对内部董事的需求度是不一样的。为了履行决策职责，董事会中必须要有内部董事，但是从履行监督职责的角度看，是不需要内部董事的，因为自己不可能客观地监督自己。

按照国际经验，管理层中的三个人可以作为内部董事。

首先，CEO必须是董事。CEO是董事会和企业的桥梁，他不参加董事会，谁来向外传达解释和说明战略方向，谁来执行董事会决议呢？

其次，CFO要进董事会。CFO即首席财务官，金融运作和财务监控是董事会经常和重要的议题，而CFO又是财务报表质量和财务控制的责任人，因而也应是董事会成员。即使董事会规模小，也需要每次列席董事会。

最后，按国际惯例，COO也要进董事会。COO即首席运营官，和我国传统企业中的常务副总很像。如果有，就应该和CFO一样进董事会，如果不进董事会，也需要列席董事会。

四、内部董事和外部董事的比例多少为好

外部董事给公司带来的好处是显而易见的。首先，从履行决策职责的角度来看，外部董事一般拥有丰富的经验和专业的知识，能促进董事会决策的科学化，加强公司的专业化运作，提高公司的管理绩效；其次，从履行监督的职责来看，外部董事，尤其是独立董事，在平衡管理层和股东的利益纷争、确保公司财务安全、确保公司信息披露真实等方面能客观地发挥监督的

作用，比内部董事更适合裁决争端。

一般外部董事占的比例越高，董事会的独立性越强，越能确保董事会有效地行使决策和监督职责，并促使管理层对股东负责，保证治理的公平和高效。

在美国的很多大公司中，内部董事只有CEO和CFO两人，其余的全部是外部董事。我国的情况相对特殊，证监会从2003年开始要求上市公司的独立董事人数要占到1/3，也就是说，在上市公司中，外部董事的人数至少要占1/3。

五、董事会一年开几次会

董事会的召开次数太少，会降低董事会的有效性。因为在这种情况下，大股东和CEO可以操控董事会的日程表，将大部分会议时间用来讨论日常经营事务，而如果重要的事情得不到讨论，外部董事就没有机会对管理层进行有效的监督。

从理论上讲，董事会经常开会可以提高效率，因为经常开会意味着董事们可以经常碰面，可以获得公司更多的信息，对公司的情况更加了解，更容易作出正确的决策并对其进行有效的监督。但是会议次数也不能太多，会议次数太多，外部董事的时间和精力就得不到保证。

因此，我们对董事会会议次数的建议是每年4~7次，其中每个季度一次常规董事会，年度股东大会之后再召开一次年度董事会，还有两次会议留给突发事件。

六、如何对董事进行有效的激励

对董事的激励是高效董事会建设中的重要问题。董事会中有三种人，对每种人的激励都不一样。内部董事是不需要额外激励的，对CEO、CFO和COO来讲，让他们进董事会本身就是一种激励。外部董事中的股东也不需要额外的激励，他们参加董事会的价值体现在当他们为董事会作出正确的决策和有效的监督之后，他们获得的股票利润的分红和资本增值部分上。

因此，董事的激励难点在于如何对独立董事进行有效的激励。独立董事既不是公司的职员，也不是股东，他们受股东重托参加董事会。让独立董事积极地在董事会上贡献自己的人力资本，唯一的办法就是激发他们为董事会工作的动力。

在我国，对独立董事的激励主要靠报酬激励，但报酬激励的现状也不容乐观。现状是，主板和中小板上市公司的独立董事每年6万元~8万元；创业板公司的独立董事每年3万元~5万元，而且报酬结构很单一。

在谈激励之前，我们先要正确理解独立董事的“独立”的含义。“独立”是指董事没有与控制权相关的利益，是相对于CEO和管理层的独立，而不是相对于股东利益的独立。

独立董事要关心股东的利益，关心企业的价值，这是这一制度设计最重要的目的。那么，如何让我国的独立董事为股东服务呢？最简单的办法是让独立董事变身为小股东，独立董事成为股东，就会对企业的发展更加上心。而现实中存在的问题是，独立董事获得的现金激励都来自公司管理层的支付，这就使得一些独立董事不能真正尽职。因此有人调侃，独立董事如果真的独立了就不可能“懂事”，如果“懂事”了就很难达到独立。

有的公司要求所有做董事的人必须拿出一定比例的工资购买企业的股票，从而让独立董事更好地负责任。但购买的股票不能太多，否则就成了控股股东，其独立性就丧失了。我国上市公司一般规定，独立董事持有公司股票不超过已发行股份的1%。也就是说，我国独立董事也是可以持股的，但真正建立独立的董事会制度依然任重而道远，最关键的问题还是要解决好对独立董事的有效激励问题。

七、什么样的人可以做独立董事

我们建议主要从能够给企业带来额外资源的人这一点上找独立董事。

第一类是职业经理人。比如，雅芳公司的董事局主席钟彬娴就担任苹果公司的联席首席董事，雅芳是做化妆品的，苹果是做IT的，行业差距如此之大，可以吗？没问题的。到了上市公司董事会这个层面，大家主要关心的是战略规划与执行、资本配置和投融资风险管控等重大事宜，而这些事宜各个大公司基本上都是一样的情况，钟彬娴刚好可以利用她丰富的经营管理经验，促进公司的有效决策。这也是现在很多来自不同行业的企业家一起组成私董会的原因——企业管理是相通的，可以相互支持、相互借鉴。

第二类是银行官员和退休的政府官员。银行官员能够利用其在金融方面的知识和经验，帮助公司建立合理的投融资体系，促进公司投融资的科学决策，完善风险管理。在公司出现财务危机时，这一点显得尤为重要。

第三类是专家和学者，包括律师、会计师、大学教授等专业人士。首先，独立董事中最好有一个律师，公司虽然有法律顾问，但他们是为管理层服务的，董事层面需要一个具有法律背景的独立董事，在一些重大事项决策的时候把关；其次，独立董事中最好有一个会计师或具有注册会计师资格的财务人士，确保财务安全和信息真实；最后，独立董事中最好有一个大学教授，公司主要利用他们在管理和技术方面的知识在进行决策的时候把关。

八、董事长是否应该兼任CEO

董事长是否兼任CEO是董事会职能中最有争议的问题。从公司治理的逻辑来看，公司的所有权是股东的，董事长领导整个董事会对股东负责，董事会和管理层的关系是决策和执行、监督和被监督的关系。当管理层的工作不能让董事会满意的时候，董事会就会解除CEO的职务。反过来，CEO也特别希望能够控制董事会，以稳定自己的工作。如果公司的董事长兼任CEO，就会出现管理层的领导机构向管理层负责的诡异情况，这就意味着CEO可以自己对自己的绩效进行评估，自己给自己发放高额的薪水，这样就会引起股东、董事会和管理层三个层面的利益冲突。

但现实情况和逻辑推理不一样。美国90%的大公司的董事长兼任CEO，英国1/3的大公司存在董事长兼任CEO的情况。而在我国上市的国有企业，董事长和CEO基本是分任的，而在民营企业，这两个职位大部分是兼任的。

我的建议是：如果董事长和CEO不是同一人，董事长就不能是内部人。因为如果董事长在内部管理层，CEO也在内部管理层，两强相遇，容易产生矛盾，还会比较激烈。如果董事长是外部的大股东，实际运营公司的权利都在CEO手中，在公司治理和企业运作上就不会有太大的问题。

如果董事长要兼任CEO、总裁或总经理，主管日常业务，这时就一定要有良好的权利划分。

我国大多数民营企业属于创业的第一代，公司是自己创建的，兼不兼任问题都不大。因为董事长是元老，也是创始人，CEO是雇用的，公司权力的层次划分得很清楚，从精神层面上讲，董事长都是“老大”。但在国有企业，如果谁都不服谁，问题就会有很多，就需要将权力划分和设置妥当。

当企业很小的时候，董事会怎么建问题不大，当你真的想把企业做大做强，最后成功上市时，建立一个高效的董事会就非常重要了。上市之前我们可以通过建立董事会了解董事会制度的运作规律，再通过外部董事带来专家视野，对企业的发展提供有价值的意见，为最终上市打下良好的基础。

第7节　如何用股权激励经理人

在经理人的风险中，股东大会制度、董事会制度、信息披露制度等是基本防线，而股权激励属于经理人风险的关键防线，它是经理人长期激励性报酬的一种，不过，经理人90%的长期激励性报酬是通过股权的形式实现的，因此通常也称为股权激励。

股权激励直接解决公司创始人和经理人利益不一致的问题。通过股权使经理人的身份变为公司的拥有者，使得老板和经理人成为真正的利益共同体。所以，现在所有的老板都在琢磨将管理层和核心员工留住，并吸引外部的优秀人才加入。传统的激励方法已经不可行，唯有股权激励才能更好地留住人才。因此，股权激励是公司治理在中国被应用得最多的一个制度。

监督和管控是约束制度，但是如果只依靠约束制度，解决不了公司治理的所有问题。约束制度解决不了经理人算计老板的源头问题，信息不对称、监督不到位和利益不一致是经理人算计老板问题的根本原因，公司治理的解决思路应该是让老板和经理人之间的信息尽量对称、监督尽量容易、利益尽量一致，而股权激励正是在这些基本防线的基础上，试图解决经理人和老板之间利益不一致的问题。

只要企业发展到一定规模，老板就不可能拥有100%的信息，也不可能对经理人实现完完全全的监督。现实而有效的解决思路是把股东的利益和经理人的利益捆绑起来，产生共同利益，形成利益共同体。正因如此，经理人的股权激励问题一直是公司治理关注的焦点。

案例5

老李家有一棵核桃树，这棵核桃树离他们家比较远，而离老王家比较近，老李很难阻止孩子们去打核桃，而且发现老王家偷的核桃是最多的。于是老李想了个办法，每年秋天打了核桃以后，就送两筐给老王家，从此以后，老王家不但不偷核桃，还帮着阻止其他小孩偷核桃。

这个案例适合解释企业为什么要做股权激励。当你的产权没法得到有效保护的时候，你一定要将股权和最容易偷窃你资产的人一起分享，也就是让你和他变成利益共同体，这时，他偷你的和偷自己的没有什么区别。如果你不愿意分享股权，最后可能不但没有收获核桃，连核桃树也被人家挖走了。

企业做到最后是靠人运行的。因此，企业要想持续健康地发展，就必须对经理人进行有效的激励，而传统的激励方法都难以做到。于是，中国的企业家自发地将目光聚焦在股权激励上，这种聚焦来源于企业实际的需要。而从全球的视野看，在运用利益调动经理人积极性的方式中，股权激励是最有效的。

股权激励不仅具有激励性，也具有很强的约束性。企业在用高额利益激励经理人的同时，也增加了经理人的失败成本。如果经理人不更加努力地工作，为公司创造更高的价值，那么激励的股权价值就没有办法行使。经理人放弃行权，貌似没有经济损失，但是由于任何一个股权激励计划都要求经理人有3~5年的等待期，因此，经理人如果放弃行权，就至少损失了对于人力资本来说更加重要的3~5年的时间，从而加大了经理人的失败成本。再加上各种附加的外在约束条件，公司在将股权激励给到经理人的同时，就把相应的约束也给了他们。

案例6

2017年，某软件设计公司（已上市）聘请王某做副总裁。2020年，公司董事会决定聘请王某为CEO。董事会提供的报酬是年薪加年终奖，按照中国上市公司CEO的平均水平支付薪酬，然后授予王某一个股票期权计划：在其开始就职的2020年1月1日，公司将授予他在2023年1月1日以2020年1月1日当天公司股票的平均价格10元购买本公司100万普通股股票的权利。

2023年后，王某就可以根据当时的市场价格来决定是否行使这个权利。如果2023年公司的股票价格低于10元，王某放弃行使期权，期权收益就为零，同时承担声誉损失。相反，如果公司的股票价格超过10元，而且王某这几年没有辞职，那么他就会行使期权，他获得的收益是每股增值乘以100万股的收益。

假设资本市场是正常发展的，没有遇到牛市或熊市，而且公司的成长性也是正常的，那么王某在3年的时间内，将公司的股票价格从10元提高到20元也是比较容易的。这样他就会有1000万元的收益，如果公司股价提高到30元，那他的收益将是2000万元。

某软件设计公司给王某提供的年收入是60~80万元，如果没有股权激励的收入，他的收入要达到1000万元，则需要15年的时间。而未来15年时间里大小环境的变化，个人是很难掌控的，公司或者个人出现任何问题，收入目标都可能实现不了。

但是有了股票期权计划，王某就有机会在3年的时间内获得1000万元的收益，而要对未来3年的事情进行掌控，还是比较容易的。因此，从这个角度看，股票期权相对于他的年薪、年终奖是很有价值的，而公司只要给了王某上述的股票期权，也加大了他的失败成本，让他尽可能地留在公司，为公司创造更多的价值。

股权激励的内在约束性体现为它可能给经理人带来的巨大的失败成本，也就是通过长期的股权激励计划加大了经理人离开公司的失败成本。

经理人是靠人力资本吃饭的，每个人的人力资本都分为通用性人力资本和特质性人力资本，而有价值的往往是特质性人力资本。通用性人力资本指的是那些对任何工作、在任何企业都具有相同价值的技术和知识。比如，一个大学的老师离开学校去一家公司打工，他的组织管理能力在学校里是可以用的，在公司也是有价值的，这就是通用性人力资本。

而特质性人力资本指的是那些只对特定行业、特定企业才有价值的技能和知识。比如，大学老师的授课能力和进行学术研究的能力，主要是在学校才有价值。一个人的特质性人力资本往往还和某个企业相关，离开这个企业，很多特质性人力资本就沉没了，是带不走的。

所以，一个人拥有的特质性人力资本越多，离开公司的积极性也就越低。在给经理人提供了股权激励的前提下，即使同行业主要竞争对手提供了看上去更为优厚的股权激励报酬，经理人离开的可能性也很低。

我们再来看刚才的案例。假设某软件设计公司的主要竞争对手B公司给王某开出的薪酬也是60万元~80万元。假设B公司的股价也是10元，给王某的股票期权是为期三年的200万股，比某软件设计公司的期权多了一倍，王某会走吗?

如果王某是个理性的人，他就不会走。王某在某软件设计公司担任了三年副总裁，已经非常熟悉公司的情况，树立了权威，也建立起了广泛的影响力，只要他愿意接受CEO的职位，就可以带着公司创造更多的价值，三年时间很有可能将公司的股价做到20元，从而获得1000万元的收益。

但是如果王某离开了某软件设计公司，由于他在公司的人脉、权威、影响力是带不走的，到了B公司他就要重新熟悉情况，适应B公司的文化，重新树立权威和建立影响力，这个过程至少需要一年半的时间，那么离期权到期就只剩下一年半了，在有限的时间里顶多将股价做到13元，最终也只有600万元的收益，你说他会离开公司吗?

通过以上的分析，我们看到股权激励方案本身除了激励性以外，还有约束性。我们还可以在此基础上加入各种各样的外部约束条件，让约束性更强。比如，我们可以在上述案例的基础上提高业绩要求，并且改变行权方式，甚至收取风险抵押金，让期权计划的约束性更强。当股权激励的内在约束和外在约束相结合时，与其说股权激励是激励制度，倒不如说它是一种巧妙的约束制度。

股权激励之所以被称为经理人道德防线中的关键防线，原因主要有三个:

第一，经理人和股东真正形成利益共同体。企业的发展最终是要依靠人的，因此，解决好股东和经理人之间的信任关系就成了企业能否健康发展的关键问题，股权激励制度体现了拥有财务资本的股东对拥有人力资本的经理人的尊重，能够加强股东和经理人之间的信任。

具体来讲，股权激励制度就是充分尊重和理解经理人的价值，在经理人的人力资本得到认可而获得股权激励后，经理人的利益就和企业的发展休戚相关，经理人与老板就真正形成了一种更加紧密的利益共同体。对于获得股权激励的经理人来说，只有在增加股东财富的前提下，才可能同时获得更大的收益，从而和股东形成利益共同体。

第二，股权激励有利于经理人自我实现的需求得到满足。股权激励的盛行，除了能带给职业经理人可观的财富，甚至造就一夜暴富的神话以外，关键还在于它有一种其他激励方式无法带来的精神上的满足感。高额的股权激励不仅可以满足经理人安全、归属、尊重的需求，也可以极大地满足经理人自我实现的最高层次的需求，因为财富是市场经济中经理人成功的一个重要标志。

第三，股权激励的约束性使它成为最巧妙的约束制度。股权激励将经理人的个人利益和企业的利益捆绑在一起，或者说由于经理人的大部分收益均来自公司股票的收益，最终完全取决于公司真实价值的增长，因此，经理人会全力工作，实现企业价值的最大化和股东财富的最大化。

在资本市场的杠杆作用下，股权激励比传统的激励方式具有更大的想象空间，同时，股权激励本身给经理人带来的巨大失败成本又成为股权激励的约束力。因此，经理人明知股权激励具有很强的约束性也愿意接受，他们看重的是股权激励与传统激励相比带来的更大价值。

第8节　内部人控制的产生与防范

内部人控制是在企业的所有权与经营权，也就是控制权相分离的前提下形成的。由于所有者与经营者的利益不一致，导致了经营者控制公司，即“内部人控制”的现象。投资权、经营权、人事权等都掌握在公司的经营者即内部人手中，股东很难对其行为进行有效的监督。由于权利过分集中于内部人，因此股东利益将会受到不同程度的损害。

内部人控制的产生其实与其股权结构大有关系。当公司股权十分分散时，每个出资人由于占有的股份很少，不愿花大力气去关心、监督经理人员的行为，而希望别的股东花大力气去做，自己坐享其成即可，这就是所谓的“搭便车”心理。

当股东都存在这种心理，且对公司的经营状况不闻不问时，其对经理人员的监督就会变得软弱无力。事实上，股市上中小投资者既没有兴趣也没有能力过问所买股票的公司的经营状况。他们的兴趣在于从股票价格波动的差价中获取收益。这样，出资人不能对经理人的行为进行最终控制的局面就出现了，“内部人控制”问题也就产生了。

然而，当股权变得相对集中时，企业经营好坏的风险就集中到了大股东身上。于是，大股东就有动力也有能力去加强对经营者行为的监督，从而防止内部人控制的问题。

职业经理人的出现，必然会导致公司经营管理权下放、授权的出现，在没有有效监管的情况下，公司就会出现内部人控制的问题。要防范职业经理人等内部人控制的产生，需主要做到以下几个方面：

第一，要进一步健全企业内部的监督机构，提高监督效果。企业内各个监督机构要独立运作、相互制约、相互支持。企业的董事长、总经理不能兼任监督部门的负责人。

第二，强化股东大会的职能。为确保股东能够行使权利，要赋予少数股东股东大会召集权，保护股东的建议权和质询权，还可考虑设立“股东代表诉讼制度”，给股东加强内部监控提供新的途径。

第三，强化董事会、监事会对公司的监督作用。在董事会中，没有一批称职、独立的董事，就不可能对经理形成真正有效的监督和制约，董事会与经理层之间的委托代理关系就有可能转化为缺乏约束力的“合谋”关系。为此，要引入外部董事、外部监事，以法律的形式规定独立董事的权责；还要处理好董事会与股东会、监事会、经理层的关系，使之协调运转、有效制衡。

第四，完善经营者的激励和约束机制，这是处理好“内部人控制”的基础条件。从激励机制看，包括两个方面：一是股权激励，即让经营者以其人力资本入股，给作出突出贡献的经营者奖励期股，这不但可以减少企业的直接成本，也能促进企业的长远发展。二是股权激励具有的防御性价值，这可以在一定程度上防止企业经营者的短期经营行为，以及防范“内部人控制”侵害股东利益的行为。

第五，引入独立董事制度。在上市公司治理结构中引入独立董事制度，是处理好“内部人控制”的重要条件，这是因为独立董事除了特有的独立性之外，其监督功能的发挥具有天然的事前监督、内部监督、决策过程监督的特点。此外，还要健全股东会、董事会和监事会的职责和功能，并明确各自的相关责任，这是独立董事发挥作用的前提。

只要公司内部没有相对控股的大股东，并且股东不参与企业的经营管理，内部人控制的问题就很有可能产生，也就是说，出现经理人侵害股东利益的问题。这个还是要引起企业家的高度重视。

第9节　公司治理的实践应用问题

公司治理涉及的范畴是非常宽泛的，不仅涉及法学、金融学、还涉及管理学、经济学、社会学等，不同专业的学者从不同的角度分析会得出不同的结论。笔者作为一名执业多年的律师，主要是从法律角度给大家做一些关于公司治理的分析。

简单地说，公司治理就是要处理好股东之间，也就是大股东和小股东之间、股东与董事会之间、股东与经理人之间的各种关系和利益，涉及的法律文件主要包括公司章程、股东协议，根据公司章程制定的股东大会议事规则、董事会议事规则、各部门的相关制度，等等。

公司治理在司法实务中涉及的其实并不是太多，它的表现形式，能到达法律或者法院这个层面的主要是股权设计方面的内容，包括和员工之间的股权激励以及和投资人之间的股权投融资。而狭义的公司治理，其实更多的是企业内部的一个管理结构。当然，刚才说的那几个方面也属于大的公司治理的范畴。

先说说股东和股东的关系，也就是大股东和小股东的关系。为什么强调要保护小股东的权益？实践中，很多公司的创始人、控股股东都想不明白这个问题。创始人、控股股东确实在公司设立和业务发展初期，以及危急时刻承担了公司主要的经营风险，而小股东的本能是“搭便车”，但为什么要从法律和制度层面特别保护中小股东的权益，尤其是不参加公司业务和管理活动的股东的权益呢。

这要从公司有限责任的法律意义以及关于鼓励投资的立法价值取向的角度分析。我们知道，公司股东在法律意义上承担的是有限责任。对于任何一个公司的经营活动而言，小股东都无法改变大股东的决定，也就不能决定公司的业务和发展方向，在这种情况下，如果没有制度上对小股东利益的特别保护，那么任何一个公司都不会有中小投资者，最后只剩下一人有限责任公司了。

而在一人公司的形态下，股东承担有限责任是需要条件的。根据法律规定，一人公司的股东不能证明公司财产独立于股东自己的财产的，应当对公司债务承担连带责任。没有了小股东，也就无法满足公司在发展过程中因扩大生产规模而日益增长的融资和融资需求，因为没有人愿意给公司投资做小股东。

说完了股东之间的关系，再说说股东与董事会、经理人之间的关系，也就是股东会对董事会、经理层授权的问题。

从法律上讲，股东完成公司的设立后，公司就成为被代理人，董事会经理层高管的行为来自公司的授权。由公司最高权力机构股东会完成授权，同时由公司支付薪酬，也承担董事高管行为的法律后果。由于股东是公司权益的最终享有者和剩余财产的所有者，股东实质上是董事高管行为的法律后果承担者，可见选好董事、高管并正确授权是很重要的事。

按照代理的法律关系，股东会在对董事高管授权时有这么几个方面要注意：

第一，选好代理人。关于高级管理人员聘用，有两个可以借鉴的做法，一是外资公司以及规模较大的公司在高的管聘用上一直采取严格的多层级面试制度；二是律师事务所新增合伙人，需要全体合伙人一致同意。

第二，授权明确，授权的事项和时间都必须明确，哪些可以做，哪些不可以做，必须有明确的界限。从股东的角度讲，董事高管是执行机构，但股东会毕竟不能时时处处自己决定，尤其是部分股东作为财务投资人，在不实际参与公司经营的情况下，董事高管在其授权范围内也有极大的决策空间。从谨慎原则出发，可以根据公司的管理水平和董事高管的决策能力和职业状态，采取逐步授权、逐步放权的方式。

第三，对代理人的行为过程要有效监督，既要监督决策过程，也要监督执行过程。如果出现执行过程中的错误，还可以及时启动纠错程序，纠正错误、及时止损，防止更严重后果的发生，定期和不定期会议就是不错的过程监督手段。

第四，明确的激励。约束的目的是防止最坏结果的发生，但激励则可以促使最好结果的出现。对代理人来讲，以被代理人的名义努力工作，获得的报酬和奖金必须明确可操作，包括现金薪酬和股权激励。

要激励就一定要有考核。从激励的角度讲，股权激励虽然不是试金石，但合适的股权激励一定能够达到长期激励的效果。

只有奖励没有惩罚也是不客观的。成年人作为独立民事主体需要自行承担行为的后果，包括积极的和消极的，董事高管作为代理人，其行为的法律后果由公司和股东承担，但如果高管对其错误的决定或者行为不承担一定的后果，最终一定无法创造出勇于担当的公司文化。

最基本的法则包括与考核相关的薪酬降低；因违反商业秘密和禁业禁止义务需要承担的违约责任；过错行为导致的赔偿责任以及连续几次考核不合格，需要降级降薪甚至辞退的后果等，这些都需要事先约定，并且在实践中严格实施。

第五，必要的制度约束。由于被代理人要承担法律后果，因此，代理权的滥用是符合逻辑的，也是会经常发生的事情，所以需要制定防止权力滥用的措施和相关的制度。

第六，接受工作成果。体现董事高管工作成果的内容包括销售团队新开发的大客户订单、技术团队攻克的难题、证券部门给公司完成几亿元的再融资；也有些不是那么明显的工作成果，如法务团队给公司避免的损失；还有消极的工作成果，如一个大客户的流失，一个大项目在履行过程中因出现失误导致客户索赔，等等。

案例7

某科技公司是一家拥有核心技术和持续创新能力的公司。该公司的组织形式为有限责任公司，而并非股份有限公司，也没有公开发行股票。公司有两大股东：工会和创始人，其中工会代表8万多名员工股东持股，属于非上市公众公司。

该科技公司有一套设计科学、制度完善，能够起到积极激励作用的员工股权管理办法。通过这些年的发展，我们能感受到这套制度的设计和实施对公司产生了重大影响，甚至可以说是公司这些年持续创新和进步的原动力。

公司董事会设常务委员会。常务委员会是董事会的常设执行机构，受董事会委托对重大事项进行研究，就董事会授权的事项进行决策并监督执行。董事会成员共17人，由持股员工代表选举产生，并经股东会表决通过。公司董事会及董事会常务委员会由轮值董事长主持，轮值董事长在当值期间是公司最高领导人，轮值董事长的轮值期为6个月。

董事会的主要职责也没有简单摘抄公司法的规定，而是根据公司实际情况和股东的授权，在合法的基础上进行了实事求是的安排，体现了对董事会更多的授权——通常情况下，公司战略规划、公司年度预算方案及年度审计报告应当由股东会批准，而该公司则授权了董事会批准。

正是由于公司实行了这种全员的股权激励制度，以及与众不同的董事会制度，能够稳健地发展，而且逐步地追赶并且超过了它的竞争对手。

再来说说股东和经理人的关系。

股东作为投资人出资组建公司，聘请职业经理人经营管理，因此在投资人与经理人之间会签订正式的聘用合同，来明确双方各自的权利和义务。例如，股东需要向经理人支付薪酬、经理人对股东负有诚信义务等。

除了投资人和经理人之间的合约关系之外，为了完成生产经营活动，经理人事实上需要雇用一定数量的员工，而企业生产出来的产品，还需要采购商以最终进入消费环节等，一个围绕企业组织和运作的合约链条就这样形成了。合约设计过程中面临的核心问题，签约双方的信息不对称，使得看起来以交换产品为内容的合约问题，在一定程度上演变为信息揭示的问题。

以经理人和股东之间的信息分布为例，经理人作为生产经营活动的组织者，往往掌握第一手资料和信息，而外部股东往往远离与企业经营有关的信息，主要通过监管部门要求披露的年度报告获取。因此，关于公司生产经营活动的信息，经理人与股东相比掌握得更多一些，二者的信息分布是不对称的。

股东是公司的所有者，董事会受股东委托，代表股东监督实际经营公司的经理人。董事与经理人对股东负有法律上的诚信责任，股东通过在股东大会上行使表决权对公司董事、经理人的任免以及并购重组作出决策。

股东和经理人的信息是不对称的，利益也是不一致的，这就产生了一个利益平衡的问题，所以，怎么解决利益不一致的问题呢？之前说过，股东要通过股权激励的方式，让经理人也成为公司的实际所有者，这样他和股东的利益就会尽最大可能趋向一致。

3

第三章

股权激励设计

第1节　企业家必须掌握的股权激励

近几年，在笔者接触的企业家中，十个中有九个要做股权激励。从全世界企业的发展趋势来看，股权激励也的确是每个企业必须认真考虑的。

从国际上看，公司高管人员的薪酬结构一般由五个部分组成：基本工资、年度奖金、长期激励性报酬、福利计划、离职补偿金。在我国，基本工资和年度奖金都有了，很多公司也有自己的福利计划，而且也有很多公司开始关注股权激励计划，但离职补偿金在中国还是非常少见。

在传统薪酬中，基本工资和年度奖金是经理人收入的主要来源，主要用于回报高管人员上年度对公司的贡献。但是随着一些高科技企业的产生和风险投资的发展，经理人的人力资本成为企业发展的关键因素。这些企业未来的不确定性程度更高，它们的业绩往往需要一个相当漫长的过程才能反映在公司的财务报表上。在这种情况下，如果公司的薪酬计划中没有长期激励性报酬，就意味着经理人的报酬没有和公司未来业绩挂钩，而对于不确定性很高的企业来讲，就很有可能诱发经理人的短期行为，放弃那些有利于企业长期发展的计划，而追求眼前的利益。

因此，报酬水平决定经理人是否接受工作，报酬结构则决定经理人的努力程度。有效的报酬结构中最重要的有三部分：基本工资、年度奖金和长期激励性报酬。

20世纪70年代以前，传统的薪酬结构是基本工资和年度奖金。基本工资能给经理人提供最基本的保障作用，年度奖金在短期内具有激励作用，但这种薪酬结构存在局限性。

从业绩的角度看，基本工资是根据经理人的历史业绩确定的，年度奖金与公司当期的业绩挂钩，但与公司的未来都没有关系，公司价值的变动与经理人的收入之间几乎不存在相关性，这是不可能激励经理人关注公司未来的业绩的。而股权激励是在历史和今天的业绩的基础上，更加关注公司未来业绩的实现，关注公司未来的业绩也是股权激励与基本工资年度奖金本质的不同之一。

从本质上讲，股权激励与传统薪酬制度还有一个不同点，那就是股权激励能够有效解决经理人的短期行为。中国企业曾经运用很多激励方法来解决这个问题，比如年薪制、年终奖提成、奖金和承包制，但都解决得不理想。

解决这个问题的思路是改变经理人的报酬结构，即在基本工资加年度奖金的传统薪酬制度中引进长期激励性报酬，将经理人的薪酬设计成基本工资、年度奖金和长期激励性报酬的结构。

迪士尼公司和华纳传媒公司是薪酬变革方面的先驱者。这两家公司在高管人员的薪酬结构中大量使用股票期权，股票期权在整体薪酬中的比例首次超过了基本工资和年度奖金之和。

20世纪90年代，中国一些企业如联想、TCL等公司开始使用股权激励。但在这个阶段，对股权激励的关注更多的是一些上市公司和国有企业，股权激励被中国众多企业关注是在2000年之后。而现在，不仅老板关心用股权激励，经理人也非常关注自己报酬中有没有股权激励的内容，经理人不会在年薪和年终奖方面过多计较，只要与市场行情差不多就行，但是对股权或期权会有明确的要求。随着股权激励认识的深入，中国的经理人会越来越看重股权激励。

在高管人员报酬制度的演进过程中，大型公司CEO的报酬变化最为显著，其变化体现在两个方面：一方面是CEO的收入越来越高；另一方面是在CEO的报酬结构中，股权激励占据了绝大部分的比例。美国公司的高管们可以只拿1元工资，但最后他们要凭借高额的股权激励获得惊人的回报。

案例1

2011年，库某接任乔某出任某知名手机公司的CEO。该公司在当时全球市值第一，董事会授予库某的年薪为90万美元，年度奖金也是90万美元，这样的收入结构与手机公司是不匹配的，所以董事会同时还授予了库某100万股限制性股票，以当时公司的股价来算，估值为3.76亿美元，几乎是库某薪酬的全部。

这些股票会在未来10年内两次解禁，一半解禁于2016年，另一半则解禁于2021年，所以2021年库某也成为全球范围内年收入最高的职业经理人之一，他靠的不是传统的薪酬激励，而是股权激励。

在美国，单凭工资取得高收入的并不多。企业高管收入的最新趋势是基本工资和年度奖金只占年收入的一小部分，绝大部分是股权激励。美国的大型上市公司中，CEO的平均工资只占其总收入的10%，而在年收入超过3000万美元的CEO中，工资占总收入的比重更是低至3%以下，其余收入几乎全部来自其所获得的股权激励。

对于那些高管人员来说，相对于股权激励收入，固定年薪的收入趋近于零，甚至有这样一种现象，即现在经理人几乎不愿为一家不提供股权激励的公司工作。

以上讲的大多是美国上市大公司的情况。为什么美国大的上市公司的经理人愿意拿很少的工资，甚至干脆不领工资呢？这是因为这些CEO在此之前的财富积累已经达到了一个相当的标准，承受风险的能力很强，可以象征性地领工资甚至不拿工资，而更加注重股权激励。

股权激励的模式越来越多，现在已经设计出了十几种，最简单、最典型的股权激励模式是股票期权。但是股票期权并不适用于所有公司，对不同行业、不同公司，经理人的长期报酬形式各有不同，在不同国家的应用实践中，由于制度环境、经济环境和社会环境的不同，长期激励性报酬的形式在选择上也有所不同。

在美国，股票期权是应用得最多的一种股权激励形式，排在第二位的是限制性股票，根据公司的需要又在股票期权的基础上衍生出多种其他模式。

在我国，股票期权用得比较少，用得最多的是业绩股票、股票增值权、限制性股票、期股和干股等，这是由资本市场和公司实际的不同决定的，为了达到激励效果，激励模式也越来越多。

实践中，经理人的长期激励性报酬设计非常复杂，加上各种变形应用，其形式多达十余种。由于篇幅问题，其他激励形式将在以后的时间里慢慢跟大家分享，这一节先简单说一下股权激励设计的核心问题。

在当前股权激励实际应用中，股权激励这种长期激励形式在不断创新，但有一个主要特征存在于各种形式的报酬计划中，即报酬的递延性。所谓报酬的递延性就是指把本应一次性给予经理人的报酬在当期只兑现一部分，其余的递延到今后几年之内分期分批兑现。简单地说，就是把一次性应该给他的钱，分几年给，目的是留住经理人，将经理人的利益与公司的利益进行长期捆绑。这是股权激励的核心。

比如，一家公司对经理人采用股权激励的方式进行激励，经理人完成设定的指标之后，可以获得120万元的股权激励金，但年终只能兑现其中的30万元，有40万元要明年年底兑现，剩下的50万元要在后年年底兑现，这就是递延性报酬的基本特征。

股权激励的本质就是递延性。在股权激励设计中，非常流行的一种做法是一次授予多次行权。在这种股权激励计划中，一般要求经理人在2~3年后才可以行权，但是不能一次行权，而是要求分3~5年行权，而且越往后行权，报酬越高。就是说我给你了一定数量的股权，但你不能马上变现，要在2~3年以后才可以变现，目的就是加大经理人的失败成本，从而实现对经理人利益的相应束缚。

在我国企业进行股权激励的实践中，方案设计中必须包含或体现以下6个方面的内容：

第一，一定要有业绩考核。股权激励不是福利，而是为了将经理人自身的利益和公司未来的利益结合起来，创造更多的价值，因此股权激励一定是在科学合理的业绩考核基础上实施的。

第二，尽量花钱买。花的钱不一定很多。这非常符合我国的国情，这是因为股权激励的一个重要目的是风险和收益对等，因此，股权激励与基本工资和年终奖相比，是经理人因承担企业未来风险而享有的收入，属于风险收入部分。所以经理人得到的股权激励分为两个部分：一部分是自己花钱买的，相当于风险抵押金；另一部分是根据企业业绩赠送的，属于激励。

第三，一定要考虑经理人的风险承受能力。为什么有的人能当老板，而有的人只能当经理人？这和人品没有关系，和能力没有关系，和对待风险的态度有关。经理人往往是风险厌恶型的，他们害怕承担过高的风险，承担风险的能力较弱；企业家承担风险的能力则较强，也愿意承担风险；而特别喜欢风险的，则可能是投机家。要求经理人花钱入股，目的是让经理人承担企业未来一定的风险，但这个风险一定不能过大，如果经理人接受不了，这个股权激励计划就有可能失败。

第四，一定要体现递延性报酬特征。长期激励性报酬的本质是它的递延性特征，由于报酬的递延性可以增加经理人的失败成本，加大股权激励对经理人的内在约束性，因此现在的股权激励非常流行使用一次授予、多次加速行权的方式。

案例2

某软件销售公司授予他们的总经理王某100万股的股票期权，等待期是3年，行权期分别是第4年、第5年、第6年。这时有三种行权方式：第一种是平均行权，三年分别行权33万股、33万股、34万股；第二种是减速行权，三年分别行权50万股、30万股、20万股；第三种是加速行权，三年分别行权20万股、30万股、50万股。建议股权激励采用加速行权的方式，这对老板和公司都好。

第五，报酬结构一定要合理。我国的企业在给经理人设计报酬结构的时候，一定要注意两个问题：一是给多少的问题，也就是报酬总量，总量一定要给够；二是如何给的问题，也就是年薪年终奖和股权激励的比例。在确定报酬总量的时候，主要考虑两个因素：一是经理人留在企业工作的机会成本；二是老板预期经理人所能达到的业绩目标。如何给是指经理人的报酬结构一定要合理，这涉及激励相融的问题。所谓激励相融，就是指经理人有积极性，自觉地为企业的目标奋斗。这样的激励才有作用。

在确定报酬总量和报酬结构时，第一个依据是人力资本的依附性；第二个依据是企业的成长性；第三个依据是资金门槛。对于人力资本依附性强、成长性好且资金门槛不高的企业，股权激励占的比重一定要大。而对于比较稳定，不需要做太多冒险性投资，也不希望发展得太大，只希望把市场稳定住，而且资金门槛较高的公司，股权激励的比重不用太大，甚至可以和年度奖金持平。

企业应该根据不同的经理人使用不同的激励手段和方式。一般来说，如果经理人不喜欢努力工作，喜欢安逸，固定工资占其大部分收入的报酬结构就比较适合他们。如果经理人喜欢努力工作，就说明其对报酬激励敏感，就可以加大股权激励的比重，让他好好工作。

第六,一定要有退出机制。退出机制也就是激励股票流通性的问题，对于获得股权激励的经理人来说，只有将行权之后的股票顺利卖出套现，才能获得实实在在的收益，因此，激励股票的流通性对于股权激励计划是否有效是至关重要的，在股权激励中为经理人设置主动和被动退出机制也是非常重要的。

主动退出机制指的是当非上市公司的经理人行权获得激励股票，成为真正的股东之后，让不让经理人卖出自己的股份的问题。建议在非上市企业股权激励计划中，一定要设计股权激励回购机制，赋予经理人变现的机会，而且大股东（一般来说大股东是激励股份的提供者）一定要有优先回购权，因为经理人把股份卖给别人就意味着公司控制权的旁落，同时还需要在股权激励计划中约定回购价格的计算方法，其应与行权价格的计算方法保持一致。

被动退出机制指的是当经理人获得激励股份成为真正的股东之后离职，股份让不让他带走的问题。我们的建议是，这要考虑公司是否已经上市。如果公司上市，那么就激励股份如何处理的问题，经理人有自由处置权；如果公司没有上市，那么股份必须留下。如果在股权激励方案中未做这样的设计，就会出现下面这些非常麻烦的问题：

首先，一些经理人有可能自立门户，成立一家同行业公司，他作为原公司的股东，可以获得原公司的商业秘密，这种情况对原来的公司是非常不利的。

其次，经理人带走股份时，他不仅带走了收益权，还带走了公司的控制权。未来公司在银行贷款或进行股权融资的时候，如果他拒绝签字或者行使优先受让权，公司就会非常被动。

最后，如果不对离职的经理人股份进行回购，那么对新来的经理人再进行股权激励时，就只能再从老板的股份中拿出股份，经历几次这样的事情，老板就会变成小股东。

因此，非上市公司一定要在股权激励中设计被动退出机制，在公司没有上市之前，当经理人离职时，必须对激励股份进行回购。

主动退出机制和被动退出机制对于非上市公司来说都是相当重要的，不仅对公司的大股东很重要，对公司的经理人来说，如果激励股票不能变现，就不能激发他的积极性。如果股权激励方案在这方面的设计不完善，就可能导致老板和经理人无休止地扯皮。因此，企业无论选择哪种激励模式，都一定要考虑退出机制的问题。

第2节　如何用股权激活企业生命力

股权激励其实在中国有悠久的历史，明清时期，晋商就开始运用类似股权激励的方式。电视剧《乔家大院》再现了几百年前的人和事，让我们对晋商当时的文化制度有了大概的认识，我们也清楚地看到了身股制度对晋商发展的重要性，这种激励制度本质上就是我们现在谈论的股权激励制度。这种制度促使晋商在当时取得了辉煌的成就。

案例3

我们来看看山西票号一般的股本结构及分配制度：票号的股份分为银股和身股两部分，“出资者为银股，出力者为身股”。银股也称财力股，是商号东家在开办商号时投入的资金，每股面值为2000两~10000两白银。身股是人身顶股，就是商号的伙计以个人劳力折成股份，并享有与银股等量分红的权利，且不必承担亏损责任。有钱的出钱，有力的出力，出钱者为东家，出力者为伙计，东家、伙计共商之。

但也不是谁想进来当伙计就能进的，从伙计进入商号的选拔时，就已经体现了选择的精心。晋商对伙计有非常严格的人才选拔条件：第一，必须是山西人；第二，要有保荐人来推荐，并且保荐人自己也要对这个推荐承担连带责任。在学徒期间商号只管饭，不给工钱，满徒后，才开始算是商号的伙计，按月发钱，但还顶不上身股。起码得再等两三个账期，工作任劳任怨，没有出现重大过失，经掌柜向东家推荐，各东家认可之后，才可以开始顶股。

从顶上身股起，员工只要在职时没有违反商号规定的条例，没有特别大的问题，就都可以获得非常丰厚的回报。也就是说，晋商对于员工也有很强的约束条件，并非拿到股份就一劳永逸了，也让员工更加忠心耿耿为商号服务。

按身股制，票号的员工能分到多少钱呢？据资料记载，在每个账期内，每厘身股，高者可达到1700两银子，低者也有200两~300两银子，正常情况下在1000两银子左右。这样，大掌柜有10厘身股，每4年可分1万两银子，各地分号的掌柜及中层管理人员的身股在5厘~6厘，亦可分得5000两~6000两银子。这种收入在当时处于什么水平呢？我们拿县官与票号分号掌柜的收入进行比较。当时，一个县官的全部收入为每年1050两银子，四年才4200两银子，而票号分号掌柜的收入，仅分红一项就超过了县官，还不包括每年的免费供给与薪金。

身股制度可以说是晋商崛起的重要原因，它有效地解决了财东与掌柜之间委托—代理的矛盾，使票号的出力者也和出资者一般，将票号的兴衰视为与自身休戚相关的事业。即使在股权激励等舶来品已经大行其道的今天，身股制度对于我们也仍然有着巨大的借鉴意义。

股权激励是一个凝聚人类智慧的设计，考虑到了公司这个平台上各个群体的利益，包括股东、员工和公司本身。股权激励机制合理地平衡各方的利害关系，形成共赢的局面，激励各方积极创造价值、分享价值，不断留下优秀员工、淘汰落后员工，最后构建一个优胜劣汰的用人机制。

我们这个时代正在从以机器与资本为核心要素的工业时代进入以人力资本为核心要素的知识经济时代，对人的依赖性逐步加强，因此，对核心人员的股权激励显得更加重要。社会代际更替推动由原有雇佣制到合伙制的转变。目前，对于“80后”“90后”“00后”，用待遇、感情、事业留人的方式已经不是最有效的了。

“财聚人散，财散人聚”是股权激励的精髓。科学的股权激励是构建企业人才竞争优势的最有力的武器，也是保障一个企业在激烈的市场竞争中生存和发展的决定性因素。所以，许多成功的企业家都在不断地运用股权激励机制，为企业聚集优秀人才，将事业越做越大。

第3节　股权激励的最优模式设计

上一节我们讲到，通过股权激励可以激活企业的生命力，让员工更加全力以赴地为企业去奋斗。讲了晋商主要是通过身股的方式激励他的员工；而华为则通过虚拟股票的方式，将员工的利益和公司的利益捆绑在一起。

身股和虚拟股票都是股权激励的一种模式。其实在设计股权激励的时候，不同的企业要使用不同的股权激励模式，而股权激励的模式有十几种之多。这里就向大家介绍一下不同模式各自的优缺点，企业家可以根据企业的情况选择最优的模式进行员工激励。

之前也讲过，在美国最常见、用得最多的股权激励模式是股票期权制度。但是，在我国股票市场上，股票期权制度并没有成为上市公司的主流选择。

从20世纪90年代后期，我国企业开始实施股权激励制度以来，共引进和创造了十多种股权激励的模式。而对于我国企业来说，普遍适用的最优股权激励模式是不存在的。

在股权激励计划的实施过程中，技术层面的东西并不难掌握，但是也不能进行简单地移植和照搬，我们这次对中国企业应用的股权激励模式进行了总结，将基本模式概括为11种，包括：虚拟股票、股票增值权、账面价值增值权、干股、延期支付、股票期权、期股、限制性股票、业绩股票、员工持股计划和管理层收购，其中有一些模式是我国独创的，比如期股模式。我们先对这11种模式进行介绍，总结出每种模式的特点，然后根据企业自身的实际情况，选择合适的最优股权激励模式。

从给激励对象激励股权的权力大小来看，股权激励的模式大概分三类：

第一类是只分利，不给投票权、股票所有权的，就是只给分红，不给投票权；第二类是先给分红，后期给投票权；第三类是既分红，又给投票权。

先说第一类，只给分红和股票的增值部分，不给投票权。

第一，虚拟股票。虚拟股票不是法律意义上的真正股票，而是公司授予激励对象的一种虚拟股票，不在公司股权和股份的总量之内，但激励对象可以享有一定数量的分红权和股价升值的收益。也就是说，这种股票是虚拟的，持有者只有分红权，没有所有权和表决权，而且不能转让和出售，在持有者离开公司的时候，虚拟股票自动失效。

虚拟股票激励模式比较适合现金流比较充裕的上市公司和非上市公司，比如华为，它作为非上市公司，将虚拟股票制度运用得非常成功。经过十多年的连续增发，华为虚拟股的总规模达到134.5亿股，在公司内部，超过8万人持有股票。

第二，股票增值权。股票增值权是指公司授予激励对象在一定的时间和条件下，获得一定数量的股票价格上升所带来的收益的权利，激励对象不实际拥有股票，也不拥有股东的表决权、分红权，只拥有股票增值部分的权利。被激励的员工不用为行权付出现金，行权后他将获得现金或者等值的公司股票；也不用实际买卖股票，而是通过模拟股票认购权的方式获得股票的增值权。简单地说，就是给你一个权利：假设三年以后股票增值了，那你就能直接获得增值的这部分利益。

第三，账面价值增值权。账面价值增值权是股票增值权的衍生方式。它的设计和操作与股票增值权基本一样，只不过是不拿股票的增值部分奖励员工，而是拿每股净资产的增值部分奖励员工。也就是说，每一股的净资产增加了多少，拿这一部分奖励员工。

第四，干股。干股实际上就是给予经理人一定比例的分红权，也就是我们平常所说的身股、管理股、技术股，无非就是公司每年从净利润中拿出一定比例，按照事先约定好的规则分配给激励对象。

我们不建议在股权激励中单独使用干股这种激励模式。因为干股这种激励模式对长期利益捆绑是没有多大用处的，主要原因有两个：一是干股的约束性比较弱，经理人在年初兑现了上一年度的干股分红之后，就有可能选择离开公司，老板也没有办法约束经理人；二是时间长了以后，干股还有可能造成经理人和老板之间的误会和隔阂。

第五，延期支付。延期支付是指公司将管理层的部分薪酬，特别是年度奖金收入，按照当日的公司股票价格折算成股票数量，存入激励对象的特定账户，在预定的期限届满后，以股票或现金的形式支付给激励对象。

比如，一个经理人的业绩考核在达到收入的指标以后，将获得10万股的激励股票，每股价格10元，账面价值100万元，延期5年支付。5年以后，经理人的收益实际上有两个部分：其一是延期5年后的10万股股票本身的价值；其二是5年内公司股票的市场价格上升的部分。具体来说，假设5年后，股票价格变为15元，则激励对象的第一部分收益，即股票本身的价值是100万元，加上升值的50万元，一共是150万元。

刚才我们说的是只分利，不给表决权或者控制权的股权激励模式。下面说说第二类，先给分红权，后期给投票权的股权激励模式。

第一，股票期权。从世界范围看，股票期权是一种最经典、使用最广泛的经理人股权激励模式。股票期权指的是公司授予激励对象在未来一定期限内，以预先确定的价格和条件购买本公司一定数量股票的权利，激励对象有权行使这项权利，也可以放弃这项权利。通俗地讲，股票期权就是事先约定经理人可以用一个固定的价格在未来一定期限内去购买一定数量的股票，有点像期货，但买卖的是股票。

比如，公司与员工约定以目前股票的价格在三年以后购买公司的股票，如果未来公司的股票升值了，员工就可以行权，赚取股票升值的差价；如果股票贬值了或者还是原来的价格，员工就可以放弃行权，不买这些股票。

案例4

某操作系统公司为董事、高级管理层和员工制订了股票期权计划，这个计划提供激励性股票期权和限制性股票，公司员工的主要收入来源并非薪水，而是股票增值收入。公司故意把薪水压得比竞争对手低，创立了一个低工资、高股份的典范，而雇员拥有股票的比例比其他任何上市公司都高。

在全球IT行业持续向上的时候，操作系统公司用这种方法吸引并留住了大量的业内顶尖人才，大大提高了公司的核心竞争力，使公司持续多年保持行业领先地位。但是随着网络泡沫的破灭，美国股市下行，使得股票期权的激励效果大打折扣，实施股票期权的高成本问题也开始影响公司的发展，后来，公司对这种薪酬制度进行了重大改革，向员工发放限制性股票。

股票期权这种激励模式的人力资本依附性比较强，处在创业初期和快速成长期的公司，激励效果是很好的，但是当行业出现滑坡或公司已经进入成熟期，如果再坚持使用股票期权计划，公司激励人才的成本就会大幅度增加，就需要考虑用其他更适合公司的股权激励模式对其进行替代。所以，股权激励不是一成不变的，它要随着公司的发展随时进行调整。

第二，期股。期股是指被激励人想要获得股份，在掏钱进行部分首付之后，才获得的持股资格，然后再以分期付款的方式最终获得公司的股份。期股主要解决一次性支付购买股权现金压力太大的问题，它的主要特点是可以分期支付。

期股的首付部分一般需要激励对象自己拿钱或者扣除一部分年终奖，而分期付款部分是否要再从“家里”拿钱就不一定了。因为当经理人支付了首付以后，全部期股的分红权同时也给了他，如果他业绩好，分红部分可以用来支付期股分期付款的部分，就不用再掏钱了。

案例5

某机器人公司要对经理人进行期股激励，公司净资产为4000万元，设置总股本4000万股，股价定为每股1元，计划让总经理持股1%，40万股。总经理可先出资10万元，取得10万实股，剩余30万股的股款分期支付。

期股的方案是要求总经理在三年内每年抵补10万股的股款，股款先用40万期股的分红购买。如果总经理的股票分红大于10万元，如12万元，那么多出的2万元就可以作为投资收益兑现给总经理。当然，如果股权分红不足10万元，如只有8万元，那么就需要总经理自己拿2万元的现金补足。

第三类是既分红又给投票权的股权激励模式，包括以下几种：

第一，限制性股票。限制性股票是指员工无偿或者低价取得股票，一次性给予，但是要分阶段兑现。限制性股票的限制性是指在员工的工作年限或者业绩目标达到了公司预设的条件后，才可以出售公司授予的这些限制性股票，并从中实现获益。

常见的做法是上市公司以非公开发行的方式向激励对象授予一定数量的公司股票，并规定禁售期和解锁期。在禁售期和解锁期内不得上市流通及转让，达到解锁条件后可以解锁，解锁以后就可以流通和转让了，如果全部或部分股票因未被解锁而失效或作废，通常会由上市公司按照事先约定的价格立即进行回购。

第二，业绩股票。业绩股票是指在年初的时候，公司确定一个比较合理的业绩目标，年末时如果激励对象达到了这个目标，公司就会授予他一定数量的公司股票。如果激励对象未能通过业绩考核或者出现有损公司的行为或非正常离职等，那么他没有兑现部分的业绩股票就要被取消。

业绩股票激励的关键是确定一个合理的业绩考核指标，如果业绩指标太低，考核目标很快就达成了，股票激励就成了变相的福利。但是也不能太高，不能让员工看不到希望。

案例6

某智能卡片公司是一家有限责任公司，主要从事IC代理和销售。管理者张某拥有公司100%的股权，2012年，张某打算对经理人和核心员工进行股权激励。

张某计划将他持有公司股份的25%用于股权激励，分三期，每期持续时间为三年。2012年1月1日实施的业绩股票方案中约定，2012年、2013年、2014年三个年度内如果激励对象每年的业绩达到要求的100%，张某就会向激励对象以净资产1%的价格转让公司1%的股份，也就是按照净资产的价格转让股份，同时免费赠予激励对象1%的股份；如果业绩达到要求的90%，则张某会向激励对象以净资产1%的价格转让0.9%的股份，同时免费赠予0.9%的股份。以此类推，如果业绩低于要求的70%，则张某不会向激励对象转让股份，也不免费赠予股份。

第三，员工持股计划。员工持股计划是指通过让员工持有本公司股票而使其获得激励的一种长期绩效奖励计划，是企业所有者与员工分享企业所有权和未来收益权的一种制度安排。员工通过购买公司部分股票成为公司的股东，并获得相应的管理权，实施员工持股计划的目的是使员工成为企业的“主人翁”。

员工持股计划的优势是增强公司的凝聚力和竞争力，调动员工积极性，留住优秀人才，还可以降低公司被恶意收购的风险。但缺点也很明显：员工持股计划和员工业绩挂钩不明显，福利性较强，比较容易形成吃大锅饭的现象，激励作用有限。

第四，管理层收购。管理层收购是指公司的管理层利用融到的资本或以股权交易的方式收购本公司股票的一种行为。管理层通过收购公司股票的方式，最终控制公司，掌握公司的所有权和决策权，使经营者彻底变成公司的所有者。

案例7

某医疗器械公司的大股东并不是管理者。管理者实际所占公司股份并不多，这一点直接造成公司在经营中处处受制。为了能够顺利、稳健地发展，公司实行了管理层收购计划，管理者通过融资收购大股东所持的公司股份，使自己的累计持股比例增加到29.3%，成为上市公司的实际控制人。

该公司经过几次管理层收购以后，管理层真正成了控股股东，公司的发展进入了良性轨道，其股价在二级市场上也开始出现转机。这就是股权激励起到的一个非常好的效果。

和大家分享了三大类、十一种股权激励的模式：第一类是只分利、不给投票权的，包括虚拟股票、股票增值权、账面价值增值权、干股、延期支付；第二类是先给分红，后期给投票权，包括股票期权、期股；第三类是既分红、又给投票权的，包括限制性股票、业绩股票、员工持股计划和管理层收购。这种分类方式也不是绝对的，可以灵活调整。它们各有优缺点，那么，用哪种模式更好呢？

抛开公司实际谈最好的模式，这种思路是错误的。实际上，可以将这11种模式看作11个方向，11个设计股权激励的思路，或者把它们看成乐高玩具中的11个部件，根据企业的实际需要，可以用这11个部件组成一架飞机或一辆汽车，也可能是一辆坦克。

激励模式是股权激励的核心，股权激励的成败几乎完全取决于激励模式的设计。因此，最好的模式是组合模式，即根据公司实际情况将11种模式中的几种进行组合，使它成为最适合企业的模式。

第4节　股权激励的设计流程

在实施股权激励之前，有一些问题我们必须确定。比如，我们用于激励的股权从何而来，如何确定激励的对象、数量、价格、时间，激励股权的收回等。

在设计企业的股权激励方案之前，我们先要做一个尽职调查，就是对企业目前的状况要有一个了解，如通过工商登记信息了解企业的财务状况、经营状况、近三年的增长状况、核心骨干的变动情况，等等。同时要对被激励人员进行调查，包括其资信情况、能力、资源以及和公司经营战略商业模式的匹配度，了解其是否存在不允许进行股权激励的情形。

此外，还要和被激励人员面谈，充分了解他对股权激励的认识、他的诉求、对股权激励有什么建议、是否愿意出资，如果出资有困难倾向于用何种方式来解决等。主要是了解被激励人员的真实想法和对公司目前发展的期望建议，以及对股权的看重程度等，最好做一份设计调查问卷。

前期工作完成后，就可以开始进行股权激励方案的设计了。股权激励方案的设计主要包括这么几个方面：股权激励的目标；激励的对象；激励的模式；确定股权的数量、价格、来源；股权激励的时间；股权激励的考核条件以及退出机制。下面分别进行讲解。

第一步，确定股权激励的目标或者目的。股权激励不仅会使员工和公司之间的雇佣关系变成合作关系，还会将员工的前途和公司的兴衰紧紧地捆绑在一起，形成利益共同体，调动员工的工作热情和责任心，为公司留住更多优秀的人才。

要设计一个科学合理的股权激励计划，就要先明确股权激励的目的，即为什么要做股权激励。目的不同，股权激励的内容和方式也不同，所以，只有先确定股权激励的目的，才能着手做其他工作。根据我们的经验，企业做股权激励的目的无非是以下几点：

第一，吸引人才、留住人才。随着公司的发展和扩张，缺少人才带来的问题往往会成为公司难以突破的发展瓶颈。另外，如果高管人才流动率高，还会加剧这种矛盾，因此，如何吸引并留住人才是许多公司一直头痛的问题。

假如企业实行了适合企业本身发展的股权激励措施，不仅可以让企业稳定住现有人才，还可以吸引更多的优秀人才。如果你想获得优秀的合伙人，那么最好拿出让对方心动的股权激励计划。通过股权激励，可以把人才的利益和企业的利益紧紧联系起来，增加他们对企业的归属感和认同感，激励他们更加努力地工作，为企业带来更多利益。

第二，进行利益捆绑，打造员工和企业命运共同体，让所有者和经营者之间的利益相一致。

第三，培养员工的主人翁精神，增强团队的凝聚力和战斗力。对于公司来说，股权激励既是动力又是压力，它可以使员工对公司更加尽心尽责，自觉地提高工作水平和效率，并减少短视行为，提高公司的业绩。

第四，降低人力成本，减轻现金流压力。老板可以通过对骨干员工实行股权激励来降低人力成本带来的压力，用股权代替现金支付，减轻现金流压力。

第五，回报老员工，感动新员工，树立正能量的公司文化。所以，准备做股权激励的企业，可以先确定自己进行股权激励的目的。股权激励的目的确定了以后，就开始确定股权激励的对象，也就是如何选择需要股权激励的人。

第二步，确定进行激励的人员主要包括这么几个方面：中高层管理人员、核心技术人员、核心业务人员、明日之星。根据“二八原则”，企业员工中大概20%的人创造了80%的利润，那么股权作为企业重要的稀缺资源，应该优先去激励那些对企业作出重大贡献的优秀员工。比如，对公司未来发展起关键作用并难以替代的员工。

案例8

有一家刚开张不久的饭店，里面有一位李大厨，他烤鸭做得非常好，周边几个小区，都是冲着饭店的烤鸭而来，而烤鸭销售额也占了该饭店全部销售额的2/3以上，有几次李大厨没有上班，结果许多点烤鸭的顾客抱怨味道不好。显然，饭店离开李大厨就得关门。对于饭店来说，李大厨属于对它未来发展起关键作用并难以替代的员工，所以饭店可以用股权激励这位李大厨。

还有一些工作岗位难以监督，短期内难以量化考核的员工；还有一些历史贡献较大的老功臣，这些人都可以成为股权激励的对象。

当股权激励的目标和对象确定好了以后，就要确定股权激励的模式，这是重中之重。我上一节和大家分享了股权激励的11种模式，包括：虚拟股票、股票增值权、账面价值增值权、干股、延期支付、股票期权、期股、限制性股票、业绩股票、员工持股计划和管理层收购。可以根据自己的企业选择合适的激励模式。

确定了股权激励模式，我们就要确定股权的数量和价格。确定股权激励数量有两层含义，股权激励总量和每一位激励对象所获得的股权数量。

确定股权激励的总量时要考虑这么几个因素：公司的资本战略，竞争对手的激励情况，公司人力资本的依附性，公司的资产规模。一般来说，股权激励占公司总股本比例为10%~20%。

而对于每个激励对象，给多少股权合适呢？一般要考虑激励对象的不可替代性、薪酬和福利水平、在公司的工作年限以及心理预期等因素。

激励股权的价格如何确定？价格和数量是直接决定股权激励力度的两个关键要素，在具体确定过程中没有先后之分，一定要一起考虑。行权价格指的是股权激励计划中确定的，激励对象在未来行权时购买股票的价格。也就是以什么价格来购买激励的股票。行权价格与股票市场价格之间的差价是股权激励制度的关键所在，关系到整个股权激励计划的成败。

我们主要说非上市公司行权价格的确定。美国非上市公司通常的做法是，先对企业价值进行专业评估，以确定企业每股的内在价值，然后以此作为股权激励行权价和出售价的基础。而我国一些非上市公司，在实施股权激励时，行权价与出售价的确定一般采用每股净资产值为主要甚至唯一的依据。

以每股净资产值来确定股票价格的方法叫净资产定价法，先算出公司的净资产，然后设定公司的总股本，用净资产除以总股本，就得到公司的股票价格。比如，公司净资产为1000万元，设定总股本为1000万股，那么公司每股价格就是1元钱。

如果注册资本金和净资产相差不大，可以以注册资本金为基础来确定股权的价格。

还有一种方法是以资本市场估值为基础确定价格。如果公司通过资本市场引入过风险投资，股权激励可以以公司最近一次风险投资进入时，每股价格为基础，另外再给予适度的折扣作为激励对象股权行权的价格。

最后一种方式是市场评估定价法，也就是找几家同行业具有可比性的上市公司进行比较，从而算出本公司的股份价格。

此外，还有一种是模拟上市公司的定价方法，叫市盈率定价法。它是用市盈率和预测的每股收益相乘，结果就是这个公司的股份价格。用这种方法估值时，先计算公司的总收益，再设置总股本，最后得出每股收益，而市盈率可以参考同类公司上市时的市盈率。

确定了数量和价格以后，就要确定激励股权的来源了。非上市公司激励股权的来源渠道有四个：第一个是原有股东股权转让；第二个是在公司募集资本时预留，也就是公司在成立之初，考虑到未来要实施股权激励，可以预留一部分，预留的股份由大股东或者董事会指定的一个股东先行代持；第三个是增资扩股，增资扩股的方式为，让激励对象以投资者的角色增加资金投入，扩大企业注册资本扩大的部分，分配给激励对象，而现有股东对应的注册资本不变；第四个是股权回购，回购已经离职员工的股份，然后重新授予给激励对象。

激励对象购买股权的资金从哪里来呢？主要来自激励对象自筹资金、大股东或公司贷款、年终奖的一部分作为行权资金、提取激励基金等。

激励股权的数量和价格以及来源都确定了以后，就要确定激励的时间了。股权激励方案对时间的确定包含两个方面：一是选择一个合适的股权激励授予时机；二是合理地安排授予时间表。

实施股权激励是为了对激励对象进行长期激励，因此就需要科学选择合适的授予时机，以便充分发挥股权激励的约束和激励两个方面的最大效果。从公司的角度考虑，重要的问题就是上市前做股权激励，还是上市后做股权激励。答案是各有利弊。上市后做股权激励比较方便，实施起来方便，套现也方便。上市前做股权激励，在设计和实施上相对难一些，但激励效果更好，因为有原始股的激励效应存在，激励股权在公司上市后会有大幅度的升值空间。

股权激励不是为了分钱，而是为了对经理人进行激励和约束，实现创造更大的价值，因此实施股权激励计划时一定要结合一些时机。比如，在股权融资、并购重组、商业模式重大调整、新的战略计划推出等情况下，做股权激励效果更好。

如果从员工的角度考虑，一般是员工受聘、升职、每年一次的业绩评定或者每年新的业绩指标下达时以及取得重大技术成果，这时候授予股权激励效果最好。

公司的股权激励计划必须要列明激励对象获得股权激励的时间表。一般情况下，股权激励不能在授予后马上执行，需要在等待期结束之后才能行权，这个时间安排被称为授予时间表。主要包括授权日、可行权日、失效日、有效期、等待期、禁售期、行权期。

“授予日”也叫“授权日”，是公司向激励对象授予股权激励的日期，这个时候激励对象还没有拿到股权，只是获得了拿到股权的资格。“可行权日”是指激励对象行使购买公司股权的日期。简单地说，“授权日”是授予股权激励的日期，授权股权激励以后还要有一些条件，满足这些条件才可以取得被授予的股权，取得股权的日期就叫“可行权日”。

“失效日”指的是过了这一天，如果激励对象还没有行权，那么股权激励计划就作废，不能再行权。

“有效期”也叫股权激励的执行期限，是指从“授权日”起到“股权激励失效日”止的整个时间跨度。“等待期”是指从“授权日”到“可行权日”这段时间。“禁售期”指的是激励人员行权之后强制规定必须持股一段时间才能出售，这段时间叫“禁售期”。而“禁售期”结束到“失效日”之前的这段期间叫“可行权期”。“可行权期”指的是可以行权的一个期间。

我们前面说了股权激励一般会有“授权日”。到“可行权日”中间的时间叫“等待期”，“等待期”在等待什么呢，在等待激励对象满足可以给予股权的条件，这里所说的条件一般都指的是业绩。也就是说，激励对象只有达到了一定的业绩目标才能被授予股权。

有效的股权激励一定是以完成一定的业绩目标为前提的，如果没有明确的目标，股权激励就不能达到目的。业绩的确定，包括公司的整体考核标准、部门的考核标准以及激励对象的个人考核标准等方面。

公司的整体考核标准包括以下两个原则：一是公司财务数据好于行业平均水平；二是要符合公司的战略目标。

激励对象个人的考核主要是他的价值观和部门指标的完成率。不同的职位，不同的部门，考核标准并不相同，这需要根据企业的实际情况进行制定。基本原则：考核标准不能定得太低，低了不能激发员工的斗志；也不能过高，稍微踮踮脚能达到的标准是合适的。

股权激励方案的最后一项是定规则，主要是要确定退出机制。

公司在发展过程中总能遇到一些核心人员的变动，尤其是已经持有公司股权的被激励员工离开公司。员工一旦离开公司，他手中的股权就会演变成影响公司正常运营的不安因素，因此我们需要做好股权退出机制。

激励股权退出主要包括：事先制定退出机制，明确股权回购的方式，还要设定高额的违约金。这方面的内容我会在下一节进行详细的讲解。

第5节 激励股权的授予与退出

我们在做股权激励的时候，首先要明确一点，股权激励不是福利，而是对员工的激励和约束。所以，对员工授予股权激励，一定要有条件，也就是说，只有员工满足了一定的条件，才能授予相应的股权。另外，员工取得被激励股权以后，我们也要设定退出的机制，以避免员工离开公司以后还持有公司股权这种情况的发生。

我们先说股权的授予条件。所谓授予条件，就是指激励对象获授股权时必须达到或满足的条件，达不到条件的不能获得股权。授予条件一般涉及两个方面：一个是公司的主体资格必须符合要求；另一个就是激励对象的资格必须符合要求。

对于上市公司来说，如果发生最近一个会计年度的财务会计报告被注册会计师出具否定意见或者无法表示意见的审计报告，最近一年内因重大违法违规行为被证监会予以行政处罚等情况，这就意味着公司本身已经丧失了实施股权激励计划的主体资格。既然公司都不具备实施股权激励计划的条件，自然也就不能授予股权了。

非上市公司可以自主决定是否设置股权激励计划的授予条件。一般而言，考虑到公平性，避免员工内部矛盾，公司可将工龄、学历、岗位等作为股权激励的授予条件。在符合以上条件的前提下，有时候授予股权还附带业绩条件，即业绩考核合格后，才可以获授股权。

案例9

某石油公司已上市。该公司股权激励计划的授予条件：只有在同时满足下列条件时，激励对象才能获授股权；若未能同时满足下列条件，本激励计划自然终止。

1.公司未发生如下任一情形：

（1）最近一个会计年度财务会计报告被注册会计师出具否定意见或者无法表示意见的审计报告；

（2）最近一年内因重大违法违规行为被证监会予以行政处罚；

（3）证监会认定的不能实行股权激励计划的其他情形。

2.激励对象未发生下列任一情形：

（1）最近三年内被交易所公开谴责或宣布为不适当人选的；

（2）最近三年内因重大违法违规行为被证监会予以行政处罚的；

（3）具有《公司法》规定的不得担任公司董事、监事、高级管理人员情形的；

（4）公司董事会认定其他严重违反公司有关规定的。

股权的授予方式主要有一次性授予与分期授予两种：

一次性授予。公司一次性授予员工股权，可以在员工被聘用之日授予，以吸引人才加入本企业；可以在员工持续任职一段时间后授予，如3~5年，以此提高员工离职成本，有效保留人才；也可以在其他特定日期授予。一次性授予的方式相对于分期授予易于操作和管理，但对于人才的绑定作用弱于分期授予方式。

分期授予。企业可以每年按一定比例授予员工股权，也可以将业绩划分为不同梯度，激励员工不断努力工作，达到更高的业绩水平，从而获得更多的股权。

分期授予股权，管理起来比较烦琐。尤其是这种以业绩水平为基础而授予的股权，需要定期评估员工业绩。这类评估工作既费时又费力，而且很难处处都能有科学合理的评价标准，有时在评价中难免带有主观人为因素，很难做到公正、公平，因此在实际操作时较难掌握。但分期授予方式把员工利益与企业利益联系在一起，使员工更能体会到成功的喜悦和失败的酸楚。

通常的做法：在首次实施股权激励计划时，一次性地授予激励对象较多的股权甚至全部授予。但最好是留下一定比例的股权在以后分批授予。分批授予的时间可以选择在晋升、取得重大科技成果或每年一次的业绩评定时。一般来说，股权在激励对象受聘和晋升时获得的数量相对较多，每年业绩评定时获得的数量相对减少。

激励股票的行权条件也是股权激励计划中最重要的一部分。行权，简单地说，就是购买激励股票的权利。行权条件是指激励对象为获得激励标的行权时所必须达到后完成的考核条件，通常表现为绩效考核。绩效考核通常由两部分组成：一部分为对公司经营的业绩考核；另一部分为对激励对象的绩效考核。

一般而言，公司可以在下列几类业绩指标中选取适合自己公司情况的业绩考核指标：（1）反映股东回报和公司价值创造等综合性指标，如净资产收益率、经济增加值、每股收益等。（2）反映公司营利能力和市场价值等成长性指标，如净利润增长率、主营业务收入增长率、公司总市值增长率等。（3）反映公司收益质量的指标，如主营业务利润占利润总额比重、现金营运指数等。

为了防止激励对象"搭便车"的行为，应根据不同岗位对激励对象个人设置绩效考核指标。绩效考核通常可根据工作表现、工作能力、工作态度等方面进行综合制定。

只有在个人绩效考核合格的情况下，激励对象才具有行权资格。例如，激励对象个人绩效考核成绩为合格，可以行权全部额度的60%；个人绩效考核成绩为良好，可以行权全部额度的80%；个人绩效考核成绩为优秀，可以行权全部额度的100%。

前面说了激励股权的授予和行权，下面我们说说退出的问题。

人生无常，本来身体健壮的人突然遭遇车祸；本来让人羡慕的高管，突然因犯罪入狱；本来勤奋工作的员工因家庭原因突然辞职。没有人愿意让这样的不幸发生在自己身上，但是如果这种事情发生了，我们应该如何面对呢?

如果企业激励对象中有人发生这类事，企业应该如何处理才能挽回损失，减少负面影响呢，这就涉及一个关键点——股权激励的退出机制。

股权激励退出机制的设定是我们做好股权激励非常重要的环节。除了科学地设计股权激励的目的、对象、模式、时间、价格等，股权激励的退出方式同样也是不可或缺的重要部分。对于中小企业来说，做股权激励的初衷是把企业做大做强，如果授予了员工股权，反而使大家躺在股份上睡大觉或者员工离职后给企业惹上官司，这显然违背了做股权激励的初衷，也不利于企业的良性发展。而且，如果企业对员工实施股权激励后没有约定退出机制，员工会认为受骗了，因为没有办法变现，这样的股权激励一定会失败。

企业的股权只有能退出才会有价值，这就好比我们手上的钱，只有能买得到东西才会有价值，买不了东西不过就是一张废纸。公司中的一些核心人员已经持有公司股权，一旦退出企业，他手中的股权也会变成影响公司正常运营的不安因素。

案例10

某化妆品公司成立于2004年，经过3年发展已经初具规模。企业为了研发新产品，聘请了一位技术总监陈某。技术队伍在陈某的带领下取得了阶段性胜利，研发出了新产品，获得了消费者的好评，提升了企业的品牌影响力。为激励员工继续向更高的目标奋进，企业对核心技术人员进行了股权激励，其中技术总监陈某获得了企业1.8%的股份，公司代为支付出资额。

2015年，该公司已经成为当地的龙头企业。就在这时，陈某由于个人原因向公司提出辞职。2015年4月，陈某和公司解除劳动关系。公司召开股东会，其他股东均同意将陈某1.8%的股份转让给新任的技术总监周某。

当企业把这项决议内容通知陈某，要求他一周内进行股权变更时，陈某明确表示拒绝，于是公司将陈某告上法庭，要求他将1.8%的股权转让给周某。法院认为，股权属于私权，股权的自由转让是公司法赋予股东的法定权利。虽然陈某与公司解除劳动关系，但这并不能产生股权转让的效力，公司单方面将陈某股权转让给周某的行为无效。

公司在股权上和陈某纠缠，不管是企业老板还是新任的技术总监，都没有把心思完全放在企业的发展上。而2015年正是企业所在行业的黄金发展期，错过了这个时期，公司就错过了一个很好的做大做强的机会。引起这场纠纷的原因，就是因为公司在实施股权激励的时候，没有设定好退出机制。

激励股权的退出包括两个方面：主动退出和被动退出。

主动退出是指激励对象取得公司股权以后，可以通过主动转让相应股权获取相应利益，这种由激励对象主动出售股权退出的方式叫主动退出。

被动退出是指激励对象的劳动合同到期以后没有续签或者中途离职被辞退等情况出现以后，激励对象必须将股权转让给公司或者其他股东，这样的退出方式叫被动退出。

进行了股权激励的员工要主动退出，按照与企业事先约定好的方式和价格就可以了，我们主要讲激励员工的被动退出。

股权激励的有效期一般是3~5年，甚至更长。激励对象在这段时间里可能因为企业、家庭、个人或者意外事故等无法正常工作，针对这些情形，在设定股权激励计划时要有所预见，设定好退出机制。下面我们针对几种常见的情形，谈一谈股权退出的处理方法。

一、激励对象因个人情况、企业裁员而离职

公司要和激励对象约定，在离职之日，其已经获准行权但尚未行权的股权终止行权，没有获准行权的股权作废。激励对象以个人名义花钱购买的股权，公司应该以原价回购或者事先约定好回购价格。虚拟股票、股票增值权、账面价值增值权及延期支付，一般不需要再向激励对象支付红利或者其他股权利益。

二、激励对象因正常的岗位调动职务发生变更的

公司要和激励对象约定，已经获得授予的股权激励不做变更，继续有效。激励对象因职务变更导致不能持有企业股权的，如降级，他没有行权的激励股权终止行权，并由企业注销。

三、激励对象退休

针对这一情形，公司要和激励对象约定，在退休之日已获行权但尚未行权的激励股权保留行权的权利，并在6个月内完成行权。未获行权的激励股权作废。一般情况下，我们不建议公司让退休员工无限期地持有公司股权。

四、激励对象死亡

如果激励对象因公死亡，其已经获准行权但尚未行权的激励股权保持行权权利，应让其财产继承人在6个月内完成行权，其未获准行权的激励股权作废。对于没有行权的部分，公司应当按照激励对象身故时的分红比例，向他的财产继承人继续分配2~6年的红利，这是对其他激励对象的一种激励，也是对因公身故员工的一种褒奖。

如果激励对象是因其他情况死亡的，对激励对象已经获准行权，但尚未行权的股权终止行权，其未获准行权的股权作废。

五、过错性退出

过错性退出主要是指员工自身的过错，如严重失职、自立门户、带走公司客户、引诱公司员工离职、违反保密制度、就职于竞争对手公司等。如果员工出现上列情况，企业有权将其持有的全部股权强制收回。企业可以对激励对象没有按期退回股权设定高额的违约金，以避免他们有意拖延，不办理股权转让手续的情况。

那么，如何设定退出时的股权价格？

这个问题一直困扰着企业家。原则上，退出的价格要结合服务期来设定，股权进出的口径要一致。也就是说，员工按什么方式购买的股权，退出时公司就要按什么方式回购。具体来说，公司回购股权的价格要分两种情况区别对待。

第一种情况：如果激励对象是在服务期内离职的，服务期就是进行股权激励时约定员工要在公司工作的期限，公司以出资价格或者退出时每股净资产回购离职员工的股权。

第二种情况：如果是超过服务期的员工离职，员工是按照最近一次财务报表上的净资产价格购买的，退出时公司也要按照财务报告上的净资产价格回购。如果员工是按照净利润的倍数购买的，退出时公司也要按照当时净利润的倍数回购。如果员工是按照最近一轮的融资价格购买的，退出时企业也要按照最新一轮融资的价格回购。当然，也可以在股权激励协议中约定其他回购方式和价格。

第6节　股权激励如何在企业落地

现在越来越多的企业把股权激励当作吸引人才、稳定人才、激励人才的重要策略。例如，华为、联想等著名企业通过对员工进行股权激励，企业的发展也上了一个台阶。但是，股权激励是否能刺激企业实现发展，关键还要看企业实行的效果。在我们为中小企业做股权激励的几年里，发现很多中小企业虽然设计了科学合理的股权激励方案，但在推行的过程中遇到了不少问题。比如，员工意识不到公司股权的价值；在进行了股权激励以后，员工的心态行为没有发生大的转变；有些员工，通过股权激励成为股东以后，他认为自己成了公司的股东，是公司的主人，积极性反而下降了。

案例11

李某是某网络技术公司的员工，公司为激励员工努力工作，制订了股权激励计划。2001年到2009年，先后6次向李某授予股票期权和限制性股票。

得到股权的李某在工作期间俨然就是公司的投资人，工作的积极性反而下降了。为了自己的利益，他开始拉帮结派，严重影响公司的整体经营，还出现了严重违规行为。公司发现这一情况以后，立即和李某解除了劳动关系，并要求李某根据约定返还因转让股权所得的款项，共计8908美元。然而，李某认为自己在职期间也为企业作出了贡献，不仅不返还转让股权所得的款项，还要求公司回购自己手里的股权，因此李某把公司告上了法庭，由此网络技术公司和李某陷入了长时间的股权纠纷之中。

除了科学合理的股权激励方案，怎么实施股权激励计划才能把股权激励的效果最大化，是中小企业老板最关心的问题。在我看来，股权激励不是一个复杂的命题，方案设计的核心在于对人性的精准掌握，成败的关键在于这一套方案的执行力和企业实际情况的符合度，中小企业应该如何让股权激励在企业中落地，如何推行股权激励才能把激励效果最大化呢。

一、选择专业人士对企业进行初步诊断

股权激励本质上是一套优胜劣汰的用人制度。

在过去的十多年里，中国中小企业做股权激励是从无到有，从少到多。根据我们的了解，现在的企业无论大小，70%~80%都在做股权激励或有这样的想法。大部分企业是请咨询公司的讲师做股权激励设计，讲师们天天在台上讲课，练就了非常好的口才，他们通常在公司管理方面比较擅长，可以给中小企业老板一些启发，但讲师和咨询师往往非法律专业，在公司股权激励制度设计方面不能像专业律师那么得心应手。另外，律师很少参与公众演讲和培训，口才反而不如培训师，不能像讲师一样把股权激励的思想生动形象地表达出来。

所以，股权激励是请培训师还是请律师各有利弊，见仁见智。我认为，随着市场的进一步发展和成熟，一定会有越来越多的企业老板，从股权激励的效果出发，选择专业律师为企业设计股权激励制度和法律文件。

企业如果确定找专业律师实施股权激励，那么企业老板应先和律师交流自己关于股权激励的想法，让律师初步判断它的可行性。律师通过和公司决策层的初步交流，了解实施股权激励的真正意图，并了解公司的资信情况、经营能力、人员结构等信息，从公司章程基本制度方面考察公司有无实施股权激励的法律障碍和重大风险。

二、尽职调查摸清企业的家底

律师经过初步诊断确定公司实施股权激励没有实质性的法律障碍以后，

还要对公司进行深入的尽职调查，全面掌握和股权激励相关的公司信息，使律师能在信息充分的情况下，架构可行的股权激励方案。

律师可以通过公开渠道收集企业信息。比如，通过天眼查、企查查、国家企业信用系统等渠道查询公司的公开资料、股东架构、对外投资、知识产权等。律师也可以通过内部渠道收集企业的工商登记信息，了解公司的财务状况、主营业务分布情况、近三年增长情况、核心骨干变动情况、公司经营战略、商业模式等。律师可以和企业领导进行面对面的沟通，了解企业的出资情况、人员情况、组织架构、战略目标、核心人员变动、盈利模式等。

此外，要对被激励人员进行调查，了解他们的资信情况，了解是否存在不允许进行股权激励的情形。要和被激励的核心员工进行面谈，了解他对股权激励的认识，了解他的诉求，有什么建议，是否愿意出资，如果出资有困难倾向于哪种解决方式。同时，了解被激励人员的真实想法和对公司未来发展的期望值，对股权的看重程度，等等。如果前期工作做得不充分，就会为以后的股权激励埋下隐患。

三、设计股权激励方案

在企业实施股权激励的过程中，设计股权激励方案是重中之重。因为激励方案是整个股权计划的纲领，它起着实施指导的作用，因此不能忽视。股权激励方案要解决几个关键问题，定目标，定人员，定模式，定数量，定价格，定时间，定来源，定条件，定规则。

在实践中，由于方案设计的思路不同，方案的内容也存在较大差别，所以企业老板一定要将自己内心最真实的想法告诉律师。律师就像医生一样，只有患者将症状全面、客观地告诉医生，医生才能做出正确的诊断，开出对症的药方。

股权激励方案初稿完成后，律师要与企业相关人员进行沟通，讲解股权激励方案的设计思路，答疑解惑，逐条讨论，修改完善，以使股权激励方案在规范可行的前提下，体现企业的真实意愿。

四、制定配套制度和协议

定了股权激励方案之后，应该以股权激励方案为基础，草拟股权激励方案的配套文件，从不同角度保障股权激励方案的贯彻有章可循。另外，如果现有的一些规章制度和股权激励方案相冲突，要及时修改调整，保证规章制度之间的协调统一，形成一个有机的整体。

股权激励方案就像一张桌子的桌面，配套制度和协议就像桌腿，公司章程就像地面，只有桌腿和桌面衔接恰当，桌腿长短一致，地面平整，桌子才能平稳。

不同的股权激励方案，配套的文件也会有所差别，一般会包括如下的法律文件：公司股权激励方案，股权激励协议书，激励对象承诺书，公司股权激励计划绩效考核办法，公司章程修改建议书，激励对象同业竞争限制协议书，等等。

五、履行法定程序

股权激励方案是实施股权激励计划的纲领性文件，里面涉及股权的分配、定价、来源等重大事项，实施股权激励是公司的一项重大决策，严格规范的法律程序是非常重要的，否则会埋下法律风险的种子，甚至会产生股权激励无效的恶果。

对于企业而言，股东会属于最高级别的会议。股权激励方案要提交股东会审议通过以后才具有法律效力。公司的股东会通过股权激励方案以后，下一步是由公司内部组织召开动员大会。动员大会的意义在于让被激励人员清楚公司此次股权激励的相关规则。动员大会结束后，激励对象会有相对充足的时间考虑此次股权激励的内容，如果有疑问可以提出，同公司进行充分沟通，公司予以解答。

动员大会虽然是公司对员工解释和说明股权激励计划的会议，但同时也是一次检验激励计划是否合理可行的机会。在动员大会中，公司要向员工阐述激励方案的具体内容，要让参与股权激励的人员了解他的责、权、利等问题，让被激励人员真正明白股权激励带给公司和个人的好处，以及具体实施的时间和激励的方式方法等。从另一个角度讲，动员大会，除了是一种对激励方案的阐述说明以外，同时也是一种精神激励。

在动员大会上还要请一些股权专家，比如请律师参加，是为了向员工普及相关的股权知识，让员工真正明白激励的价值，同时股权专家还会就公司股权激励方案中涉及的具体激励方式，从专业角度向员工分析具体的价值。

六、实施股权激励方案

股权激励方案的实施主要是和被激励人员签署相关的协议。在整个激励计划中签署协议也是最为重要的一项，因为只有签署了协议，激励方案才具有法律效力，才会得到法律上的保护，当日后发生纠纷时，才会有保障。

在与被激励人员签订激励协议时，既要明确激励对象的进入机制，同时也要明确退出机制。退出机制的内容比较多，并不仅仅局限于激励计划实施过程中员工的离开，同时还包括激励对象被开除的特殊情况，或者激励时间未满时激励股权的处理，以及激励期满后公司如何回购股权或如何处理持股问题。

案例12

某广告公司成立不久，为留住核心技术骨干，决定实施股权激励计划。公司准备以每股1元的价格授予2名高管各80万元的公司股份，同时授予5名业务骨干每人60万元的公司股份。公司在和激励对象签署协议时，协议中明确规定公司授予的股份为限制性股份，公司在上市前不许转让，一旦因个人原因或公司原因激励对象离开公司，则一律需要将所持股份按当时的公司估值所得的比例计算的价格，由公司回购。

公司和被激励员工签订股权激励协议以后，还要根据该协议的内容办理工商登记变更手续以及公司章程的修改。而在后续的过程中，随时要根据股权激励方案实施情况进行调整。因为股权激励方案在设计的时候，想法是好的，但在实际的实施过程中会出现各种各样的问题，只有不断地进行修改、调整、完善，才能让股权激励制度发挥它最大的作用。

第7节　家族企业的股权激励和传承

如果家族企业要做大做强，一定要引入非家族成员进入管理层，增加新鲜血液。如何留住优秀的非家族成员？股权激励是非常好的方式。同时对于家族内部成员，也要考虑进行股权激励，只有真正获得股权的家族成员，才会对企业有认同感。从另一个角度来说，对于家族成员的股权激励，也属于企业股权传承的范畴。

家族企业，顾名思义，就是财权和股权主要控制在一个家族手中，而且企业高层领导均由该家族成员出任。简单地说，家族企业就是指股份主要控制在家族手中，董事会占有半数以上席位，家族成员出任企业的主要领导职务。

案例13

百草厅是电视剧《大宅门》中虚构的企业，原型就是清朝末年的同仁堂。它在医药界的地位及影响力远不能用金钱来衡量，每年的利润也无法计算。

百草厅是一个典型的家族企业。白老爷子制定百草厅的发展战略，负责企业运营管理，几个儿子分别负责不同的业务单元相互之间联动协作，最后由白老爷子分配每房年终所得。

百草厅作为一家信誉良好的京城医药联合企业，所有权为白家所有，他的董事长兼总经理便是白家老爷子，白家兄弟负责各自的业务模块，京城民众普遍认可，百草厅就是白家，而白家就是百草厅，两者密不可分。白家老爷子逝世之后，实际掌门人变成了二奶奶，由于她的儿子年龄尚小，为了便于实际管理，她将人员层次进行了调整，不论人员怎么调整，但本质上没有发生任何变化，白氏家族仍然牢牢地把控着百草厅的一切。

百草厅的原型同仁堂有300多年的历史，在这300多年的经营过程中，很长时间都是以家族为纽带进行经营管理的。

从家族企业的创立和发展过程来看，夫妻、兄弟姐妹、父母子女一起创业，经过多年的艰辛，终于将公司培育起来，打造成了一家小规模的百年老店或是在行业内有足够影响力的大公司。

然而，现实中很多家族企业却面临着股东权益争夺的各种问题，除此之外，实践中还有来自家族企业发展的困惑。老板和员工都非常辛苦，公司为何多年来无法突破发展的“瓶颈”？同样是高薪，为何引进职业经理人屡屡失败，为何迟迟不能引进战略投资者？很多家族企业创始人都到退出历史舞台的时候了，然而此时公司规模没有得到应有的发展，也没有进入资本市场？家族二代无人愿意接盘，这种情况下公司未来该怎么安排？

社会信用体系的不健全，促成了以家庭成员为主要管理者的企业的兴起。当社会信用体系建设远远滞后于经济发展的时候，企业家很难在市场中鉴别人才，确定到底谁更加可靠，谁更有能力。那么在可控的考量下，家族成员变成了不二的选择。虽然不能确定家族成员是能力最强的人，但最起码是相对可靠的。这便存在一个非常严重的问题。因为都是家族成员，那么大家的背景、经历、思维方式或多或少趋同，企业的重大经营决策缺少不同的意见，对企业来说有可能导致灾难性的后果。另外，家族成员毕竟是有限的和相对固定的，长期使用家族成员就会缺少新鲜血液的输入，阻碍企业的进一步发展。

家族企业要做大做强，就要引入外部的职业经理人，这就涉及家族企业中外聘职业经理人的利益协调问题。家族企业聘请职业经理人非常常见。然而，我国现在多数的家族企业对职业经理人都仍然采取传统的激励方式，即简单的基本工资加上短期绩效，没有真正地将职业经理人的利益与家族企业的利益相结合，也没有充分考虑职业经理人的长期发展需求和精神需求，因此职业经理人缺少使命感和责任感，薪酬制度未起到有效的激励作用。

当然，很多集团和公司在主要的战略、方向决策层面都是由家族成员掌控，但在日常业务上很多还是由职业经理人掌控，这也是大的趋势。家族成员和职业经理人的和谐共生是未来家族企业发展必经的过程。

要引入职业经理人和核心技术、业务人员，这都会涉及股权激励的问题。实施股权激励，有助于优化家族企业的股权结构，比如对中高层管理者、核心员工进行股权激励，通过出让股权稀释大股东的股份，使集中的股权结构向相互制约的股权结构转变，同时也吸引和锁定一批业界精英，共同完成企业战略目标。

合理的股权激励计划可以激发职业经理人的潜力，把企业做大做强。具体的股权激励模式，不同的企业要进行不同的设计。

而对于家族内部成员，家族企业包括股权在内的财产管理和传承的问题摆到了很多人的面前。企业的迅速成长使企业拥有了大量的财富，这些财富需要管理传承，另外，第一代创业者大多到了退休的年龄，部分企业的二代并没有意愿接班，或者如何接班，都需要有合适的安排。

这种安排与实施是相当复杂的，不仅涉及家庭成员之间财产权益安排，也涉及人身关系；不仅涉及公司的传承和发展，也会影响股东、供应商、客户、债权人的利益；不仅影响家族企业的利益，也会影响成千上万名员工以及家庭的生活安排，它的实质已经远远超出了家族的范畴，具有一定的社会影响，所以在做方案设计时需要特别谨慎。

美国一所家族企业学院的研究，约有70%的家族企业未能传到下一代，88%的家族企业未能传到第三代，只有3%的家族企业在第四代还在经营。在中国，家族企业也有“富不过三代”之说。资料显示，家族企业的平均寿命为24年，恰好与企业创始人的平均工作年限相同，有30%的家族企业可以传到第二代手中，其中有不到2/3的企业能够传到第三代，后者中大约13%的企业能够传出第三代。[①]而中国家族式私营企业的寿命则更短。从这些数据中我们可以看出，家族企业能持续发展下去的并不多。

---

① 中国民营经济研究会家族企业委员会编著：《中国家族企业生态40年》，中华工商联合出版社2019年版。

案例14

1888年，李甲在中国广东省南水镇发明了蚝油，创办了蚝油公司，并开始了制造调味酱料的事业。1920年李氏家族的第二代成员李乙致力于改进生产及提高产品质量，使公司蚝油及虾酱畅销于北美各大城市。20世纪70年代初，公司第三代传人李丙出任公司主席，改革更新设备，增加品种，调整价格，扩大销路，设计全新企业商标和商品包装，开创了事业崛起的新纪元。公司第四代传人是李丁。李丁分享了家族企业发展百年仍不断壮大的秘诀，“思利及人”是家族的重要价值观，在考虑自己利益的同时，也从别人的角度、从更宏观的角度思考问题。

蚝油公司提倡家族成员始终以家族为核心，“家族”大于“家庭”。为保持家族事业延续，公司已在潜移默化中，开始对第五代成员加以培养，来增强其对家族的责任感。蚝油公司130年历经四代，如今家族财富超过千亿。

据有关研究，在美国和印度，家族企业成功传到第二代的概率大约只有30%，也就是说70%的家族企业在传给第二代时是以失败收场的。至于传到第三代以及更后面几代的例子，那就更少了。对于中国人来说，这可能不是一个可以接受的事实。在传统中国人的观念里，家族企业当然要传给自己的下一代。每个人在将自己辛辛苦苦打拼下的江山传给儿子或者女儿时，都坚信他/她一定是最佳的接班人。但从统计学角度来看，把自己的企业成功传给下一代犹如逆水行舟，非常不容易。

家族企业从无到有，从小到大，创一代的赫赫战功无法被磨灭，更难以超越，接班问题越来越成为创二代的“烫手山芋”。

案例15

在家族企业传承的这个问题上，某厨具公司做得就很好。公司成立于1996年，创始人茅某最终选择将儿子作为家族企业的传承人，为此他调整了股权结构，同时对女儿名下的股权做了表决权安排，这样确保儿子可以更好地运营与管理家族企业，顺利完成家族企业的传承。

在上述调整的基础上，还要适时制定能够将家族企业和家族企业文化传承百年的安排，包括对未来进入公司管理层员工的要求、公司战略规划发展方向、家族成员之间的公司经营管理问题上产生不同意见的解决机制等，上述种种调整和安排，最终要通过一系列工作和法律文件的方式实现。

就家族企业股权传承问题，我们提出几点思考：

一是组织架构问题。随着企业规模不断扩张，家族企业已领军部分行业成为区域经济的重要支撑，传统的组织架构已不能高效整合各种资源，家族企业很难持续做大做强。家族企业的组织结构需随着企业的发展及时进行调整。

二是股权结构问题。在家族企业上市规划进程中，如何优化企业股权结构，灵活配置中高级层管理人员股权，如何引进高质量的战略投资人等都是要积极面对的问题。

三是代际传承问题。伴随着家族企业财富持续积累，创业者必须考虑经营几十年的企业平台以后该如何传承下去。

给大家四点建议：

第一，家族企业是经济活动中的常态，在各国经济中家族企业都占有重要作用，家族企业的传承是可行的。

第二，家族企业的传承是一个大问题，大部分家族企业都传不到第二代，更别说第三代、第四代。因此，能够存续100年以上的家族企业，在全世界都很少，家族企业的传承也是很难的。

第三，要想延续家族企业的生命，选贤很重要。最理想的是自己的下一代有经商的才干并且有兴趣继承家业。

第四，如果下一代没有继承家业的兴趣或者才能，那么可以考虑“领养”，这在日本是非常常见的。或者引入经过筛选的职业经理人，这些选择要比硬把自己儿子/女儿推向领导岗位强。

总之，家族企业的传承不仅仅是在中国，在全世界都是一个难题。但也有很多例子证明可以把家族企业传承得很好。所以，各位企业家要提前做好准备，并且要考虑自己的子女有没有兴趣继承这份家业，通过早做准备，早做相关的设计，才能让企业更好地发展下去。

第8节　股权激励法律风险防范

企业竞争最终是人才的竞争，随着人力资本的不断增值，越来越多的企业开始使用股权激励的方式来留住人才和吸引人才。但是如果没有全面客观地了解股权激励制度，没有针对企业自身的实际情况而盲目跟风实施股权激励的话，那么不仅难以发挥应有的激励作用，反而会引发股权纠纷，侵害股东权利，激发企业内部矛盾。

股权激励是一把“双刃剑”，用得好，双方得力；用不好，伤人伤己。企业在实施股权激励时，一定要清楚股权激励中存在的各种风险，这样才能做到有意识地规避风险，顺利实现股权激励的目的。

在谈论股权激励的法律风险之前，我们还是要先了解一下股权激励涉及的一些问题。很多企业老板费尽心机设计了股权激励模式，股权激励措施也落实了，可被激励员工却不领情，甚至出现了负激励的现象。股权激励并非万能药，也并非一激就灵，相反，如果操作不当，很可能会起不到任何激励作用，出钱不讨好。在股权激励实操中，我们应注意规避那些容易导致激励失败的问题。

所有的股权激励都基于一点，就是公司的不断增长和良性发展。有些公司虽然目前不盈利，但是也要有良好的发展趋势，以后会盈利，这样才能达到激励的效果。

但问题是，公司一定会持续增长吗？股价一定会不断走高吗？如果不能给被激励的员工做出肯定的回答，让他们看到希望，那么股权激励的三大问题就会凸显出来：

第一，股权投资风险相对比较大，因为一般都需要员工出资购买股权。

第二，回报周期长。对于一般的普通中小企业来说，发展是缓慢增长的，这对于股权持有者来说，也就意味着较长的投资回报周期和较低的投资回报率。

第三，股权流动性差，上市前难以变现，甚至是永远难以变现，毕竟最终能够实现上市的公司凤毛麟角。

在老板看来无异于大出血的股权激励，如果切换到员工的角度，可能诱惑性就没有那么强，甚至让员工感觉到是公司在搞强制摊派，尤其是需要员工部分出资购买的股权激励。

针对这个问题，老板一定要设法让员工领会企业进行股权激励的目的，同时要设置必要的门槛。否则，搞“一刀切”的话，大家都有份，基本上等于没有激励，员工还不领情，另外一定要杜绝强制摊派，让员工自主选择。

还有一个问题，公司的信息不透明。非上市公司在制订股权激励计划的时候，它的行权价没有相应的股票市场价格作为定价基础，另外，非上市公司无须公开公司财务状况，一些中小股东也就失去了全面了解公司经营财务状况的渠道。

通过企业内部激励方式获得股权的员工，想要了解公司相关信息，同时又会存有顾虑，不便去询问，也担心公开信息会引起一些麻烦和问题。不公开的话，也会惹起一些猜疑和非议。要知道，员工既然被授予了股权，就应该享有基本的知情权，对此，公司方面要设法予以满足。

还有就是股权激励过于随意。很多老板在没有充分理解组织模式的运作机制和激励目的的情况下，甚至缺乏科学合理的激励措施，而是直接从网络上收集拷贝，这根本不适合公司的具体情况，因而导致产生很多的问题。

案例16

某数据公司同林某签订了技术顾问合同，约定由林某出任公司的技术顾问，每周需要到公司工作两天，每月工资为1万元，另外授予每个月3000股的股票期权。林某工作3个月后，公司单方面解除了双方的顾问合同，仅支付林某3万元的顾问工资，没有兑现9000股的股票期权，双方多次协商未果，林某将公司告上法庭。

公司称，林某并未按合同的约定条款满额履行工作时间，导致公司产品开发进度严重滞后，另外林某的工作能力并不足以支撑公司的技术开发工作。最后法院判决确认双方的顾问合同合法，要求各自履行义务，原告林某依法享有9000股股票期权，公司应依法授予。

股权激励是一套复杂的系统工程，涉及众多的利益划分，牵一发而动全身，所以不能草率地决定拿出多少比例、多少万股的股票。下面说一下股权激励涉及的法律风险。

一、股权激励协议法律风险

第一，企业股权激励方案落地要注意签订书面的股权激励协议，不能仅仅公布实施方案及与激励对象口头约定，或以劳动合同替代股权激励协议。

案例17

某网络科技公司与技术骨干签订《劳动合同》，约定乙方工作满12个月后可以获得甲方分配的股权8万股。这所谓"8万股"的不清晰约定就成了"定时炸弹"。公司总股本有多少？8万股占公司总股本的比例是多少？该比例对应有多少权益？权益价值按净资产还是市值核定？获得权益的对价？凡此种种，均没有明确约定，以致最后产生纠纷。

第二，股权激励协议中约定的限制性条款是否有效？

公司对员工进行股权激励，通常都是有限制条件的，比如对于任职年限的限制、对于业绩和个人表现上的限制、对于转让条件的限制以及对所获得股权的相关权益的限制等。法院在审判类似股权争议时，通常持有以下态度：

股权激励作为一种激励方式，目的是在企业和员工之间建立一种休戚相关的利益关系和共担风险共享收益的分配机制。它的出发点是善意的、积极的，因此通常会对获得此项权益的员工设定较高的门槛和限制条件，对于股权激励协议中约定的限制性条款一般是予以支持的。

第三，对于被激励对象离职，公司规定的违约条款。比如，员工一旦离职或者因个人情况与公司解除劳动合同，公司有权强制收回股权。法院通常会认为，公司为了限制股权激励对象获得股权收益，并不违反公平原则，是合法有效的。而如果在股权激励协议中约定了违约金，法院如何认定？

根据《劳动合同法》的相关规定，只有在两种情况下公司可以约定违约金：第一种情况是公司为员工提供技术培训费用并约定服务期限，如果员工违反约定，要向公司支付不高于培训费用的违约金；第二种情况是如果员工违反和公司达成的竞业限制条款，应当按照约定向公司支付违约金。除此之外，公司不得和员工约定其他违约金。

需要注意的是，《劳动合同法》这种规定不适合企业股权激励的情况，因为获得股权激励的员工和公司的关系不是劳动关系，而是股东关系，不受《劳动合同法》的约束。

案例18

2007年6月，某知名家纺公司以定向增发的方式向公司高管和主要业务骨干发行了700万股限制性股票，约定被激励对象可以以1.45元每股的优惠价格购买。

2008年3月，为了配合公司IPO进程，公司宣布让所有限制性股票转换为无限制性的普通股，同时与获得股权激励的余某等高管签署了承诺函，承诺函约定，持有原始股的员工自承诺函签署之日至公司上市之日起三年内不得以书面的形式向公司提出辞职，不连续旷工超过7日，不发生侵占公司资产并导致公司利益受损的行为。若违反上述承诺，自愿承担对公司的违约责任，并向公司支付违约金。

2008年7月至2009年9月，余某等获得公司原始股激励，在持有公司原始股的情况下，先后辞职，跳槽到公司的主要竞争对手甲公司。2012年12月26日已在深圳上市近三年的家纺公司，针对余某等26名自然人股东违反承诺函，导致公司股权激励目标难以实现一事，向法院提起诉讼，要求26名被告赔偿公司违约金共计8000余万元。

该案经过一审、二审、再审，2015年1月19日，这桩企业因股权激励而发生的索赔案终于落锤，某中级人民法院作出了终审判决，判定离职骨干员工赔偿某家纺公司3200万元及相应的利息。

某家纺公司为雇主维权树立了积极的榜样，同时也为那些得到股权激励而背叛公司的员工敲响了警钟。某家纺公司股权激励纠纷案件以公司大获全胜告终，关键点是将劳动者的身份和股东身份进行区别，最终认定为民事法律关系而非劳动合同关系。当然，这种情况成立的前提是公司授予员工的是实股，而不能是虚拟股或期权，否则公司的股东身份就无法确认，因而公司也就无权约定违约金事项。

二、股权激励与投资人关系的法律风险

如果计划进行股权激励的公司已经成功进行过融资，或计划正要进行融资，那么此时的股权激励就不再是单方面的企业内部行为，应该向投资人做好相关信息披露和检视：

- 要向以往的投资人披露公司下一阶段的股权激励计划；
- 认真查看公司此前签订的融资协议，看是否允许公司今后进行股权激励行为，如果可以应该查询是否有细节条款或细节上的限制；
- 认真查看融资协议对股权激励方式的约定，比如说增资、代持等是否有规定和限制；
- 如果融资协议对激励方式没有限制，若采用增资形式，则增资的对价不得低于投资人的对价，除非融资协议对股权激励有除外规定（一般融资协议都要求后一轮的融资价格不得低于上一轮）。

若上述四个方面没有处理好，实施股权激励将与融资协议相冲突，投资

人可追究公司创始股东的违约责任。

三、员工离职后公司股权回购的法律风险

如果股权激励是员工自己没有从口袋里掏钱出资，而是由公司垫付，公司可以否定激励对象的股东资格吗？员工自己没有从口袋掏钱，只要验资报告和工商登记上将出资记录在激励对象名下，就应当确认激励对象的股东资格。即使激励对象个人名下的出资都是公司垫付的，也改变不了他的股东身份。而出资的公司可以向激励对象要求偿还出资款，这两种法律关系不能混为一谈。

对于员工离职后，公司股权回购的问题，应当在股权激励相关协议中明确回购的情形以及回购股权的计价方式，避免日后产生不必要的争议。

四、创始股东未履行出资义务的法律风险

若创始股东未按期履行出资义务，在实施股权激励后，若授予的是实股，激励对象即成为股东，此时激励对象可以创始股东未缴足出资为由，向创始股东主张违约责任。因此，创始人要理解这个道理，激励对象获得实股后，他们与创始股东在法律地位上是平等的，为避免招惹争议甚至索赔，应在实施企业股权激励计划前弥补出资瑕疵。

五、股权激励涉及的税务风险

公司对员工实施股权激励，主要涉及个人所得税。在激励对象个人直接持股的情况下，当员工获得分红时，需要按照利息、股息红利所得税目，按照20%的税率全额缴纳个人所得税。当员工转让公司股权，需要按照财产转让所得税目，按照20%的税率，用已售出价减去买入价及合理税费的差额计算缴纳个人所得税。

根据2016年国家税务总局发布的《关于完善股权激励和技术入股有关所得税政策的通知》，非上市公司授予本公司员工的股票期权、限制性股票和股权奖励，符合规定条件的，经向主管税务机关备案，可实行递延纳税政策，即员工在取得股权激励时可暂不纳税，递延至转让该股权时纳税。股权转让时，按照股权转让收入减除股权取得成本以及合理税费后的差额，适用“财产转让所得”项目，按照20%的税率计算缴纳个人所得税。

股权转让时，股票期权取得成本按行权价确定，限制性股票取得成本按实际出资额确定，股权奖励取得成本为零。

股权激励设计及实施过程中会涉及各种各样的法律风险，我们主要对法律风险进行了讲解，具体的法律风险防范还需要聘请专业的律师进行规避和防范。

第9节　股权激励典型案例分析

我们前面用了八节和大家分享了股权激励的内容。股权激励的理论其实不难掌握，但实操性很强，虽然大家都在用股权激励，想要达到激励员工的目的，用了同样的方式和手段，但最后的结果大相径庭。

有的企业虽然支付了股权，但是没有取得预期的效果，甚至有的员工取得股权以后，把自己当成公司的主人，反而比以前更懈怠了。不仅中小企业是这样，很多大企业也会出现类似的问题。

“成就需要”理论告诉我们，个体在工作情境中有三种重要的需要：成就需要、权力需要以及归属需要。具有强烈成就需要的人渴望将事情做得更完美，他们所追求的不是成功带来的物质奖励，而是在争取成功过程中的乐趣和成功后的成就感。全员持股会降低这种成就感的实现。

在公司经营过程中，经营者为了提高公司经营的绩效而实施股权激励手段是十分有必要的。方式的选择需要考虑许多因素，目标绩效的确定、奖励方式的选择、激励对象的选取都会影响到激励的最终效果。只有在经营过程中结合企业自身特点合理制定目标绩效，在充分考虑企业整体发展的同时，不忽略员工的个性因素，根据企业所处的市场环境及时应变，才有可能完成一次真正成功的激励。

案例19

某电脑公司的股权激励方案中，有两点是值得注意的。

第一，股权激励并不是一个具体的方案，而是一个系统工程。在企业不同发展阶段采用的股权激励模式是不同的，而且股权激励方案解决了一些当时的问题，运行一段时间又会形成新的问题，这时又需制订新的股权激励方案，公司的股权激励中一个亮点就解决了股权激励的上述问题。

第二，公司案例的最大亮点就是在激励对象的选择上，考虑了三种人：创业元老、现有高管和未来人才。对未来人才的考虑，是我国很多企业在进行股权激励时所忽略而导致产生很多问题的一个关键，而公司解决得就非常好。

1993年公司迎来了第1个“瓶颈”，第1次没有完成既定的目标，产品库存严重积压，在这样的契机下，柳某向中科院的领导提出了在公司实施股权激励的想法。在领导的支持下，公司实施了干股分红激励方案，在每年的可分配利润中，中科院占20%，计算所占45%，公司的管理层和员工占其余的35%。

1999年，公司将员工所持有的35%的分红权变成认股权，认股权就是股票期权。35%的认股权中的35%用于激励老员工；35%的认股权中的20%用于激励核心员工；35%的认股权中的45%用来激励未来的骨干员工。

2000年，公司进行了股份制改造，创业元老、核心骨干和未来人才手中的认股权变成了货真价实的股份，这些共计35%的股份由职工持股会持有。2010年某电脑公司用有限合伙的形式取代工会，作为新的员工持股平台。

2016年，为了充分调动公司骨干员工和广大员工的积极性，吸引和保留核心价值创造者，公司推出了限制性股票激励计划。这个计划的激励对象是关键人才，激励额度为总股本的1%，由公司出资委托信托从H股购买，然后无偿地授予关键人才。当然在行权时需要分批，在2018年归属50%，在2020年最终归属剩余的部分。

某电脑公司制订的这份限制性股票激励计划，对被激励对象的约束体现在行权的安排上。只有干满5年才能拿走，全部集体资产结合某电脑公司刚上市的背景，可以看出“金手铐”是主要目的，用激励股份捆绑住核心骨干的工作年限，避免在上市成功后就选择功成身退。而1%的激励额度恰到好处，既符合方案的偏激励性和弱约束性，又不损害股东利益和未来骨干员工激励股份的预留。

在某电脑公司的股权激励计划中，35%、20%、45%的分配比例是最大的亮点，分别考虑到了老员工、现有员工和未来人才的激励。股权激励实践中，很多企业没有注意到这个问题的重要性，他们一般能考虑到“金手铐”的作用，主要是针对现有高管层和骨干核心员工的约束。对于“金色降落伞”的作用，主要是针对创业元老安全退出的概率，不是所有公司都能考虑到的。而大多数公司都忽略了设计成长新台阶的作用，也就是为未来人才留存股份。导致的结果是当对现有高管人员和核心员工进行股权激励后，没过几年，原来的高管层和核心骨干员工已经不适应企业的发展了，而且其中一些人已离开了公司，一些人失去了原来的位置，但他们已经得到了股份，变成了股东。而新引进的高管却没有股权，这就会成为企业发展的新障碍。当然，在这种情况下，大股东可以再次进行股权激励，但会导致股权进一步稀释，削弱大股东对企业的控制权。

因此，最好的解决办法就是在最初制订股权激励方案的时候，是动态的，最好的方式就是运用“金色降落伞”“金手铐”和“金台阶”，尤其重要的是“金台阶”，为未来人才预留激励股份，这一点对于非上市公司尤其重要。

4

第四章

合伙人制度

第1节　合伙人制度解读

“合伙人”这个词现在可以说是非常火。从专业知识型如律师事务所、会计师事务所到金融领域的基金、信托，从小米这样的互联网科技公司到海尔、万科、华为这样的行业巨头，无一不在提合伙人制度，也无一不在践行合伙人制度。

那么，究竟什么是合伙人制度？为什么需要合伙人制度？什么样的企业能够做合伙人制度？怎么做合伙人制度改造？我们会在这一章中一一解读。

所有股权制度的设计、公司的治理都离不开人，其实合伙人制度也就是把股权设计、公司治理和股权激励结合在一起。找到创始合伙人后需要进行股权设计，再通过股权激励等一系列的制度把员工变成合伙人，进而形成良性的公司治理环境，最终实现创始人、经理人、投资人的共担、共创、共享和共赢。

律师事务所、会计师事务所这些组织是合伙人制，海尔、小米等企业推行的也是合伙人制，它们之间有什么区别？

合伙人有两种，一种是法律意义上的，也就是合伙企业中的合伙人。像会计师事务所、律师事务所虽然不属于企业，但也是法律意义上的合伙制。合伙企业包括普通合伙企业和有限合伙企业，合伙人也就分为普通合伙人和有限合伙人两种类型，普通合伙人承担无限连带责任，有限合伙人以所投入的财产份额承担有限责任。

另一种广义上的，也是企业管理上的，现在也被称为事业合伙人。事业合伙人是企业为适应知识经济时代的发展要求，真正激发知识资本的创造力而设计的一种内部制度安排。事业合伙人不同于法律意义上的合伙人，但在实际操作中，二者往往兼顾。

如果没有特别说明，我以后讲的合伙人就是企业管理意义上的合伙人，也就是所谓的事业合伙人。

仔细研究一下万科、华为等公司推行的合伙制，可以发现，它们的核心都是治理，而不是管理。共创、共享、共担基本上都是公司治理问题，而不是纯粹的公司管理问题。

案例1

某连锁超市成立于2001年，总部设在福建省福州市。当时，整个超市业面临的一大问题：一线员工干着最脏、最累的活，却拿着低微的薪水，整个行业员工的流动性也很高。超市董事长张某曾在一次进店调研中发现，当一名一线员工每个月只有2000多元的收入时，他们可能刚刚解决温饱，根本就没有工作的动力。这对于网络冲击下的实体零售业来说，更是一个巨大的问题。

可问题在于，直接提升一线员工收入也是不现实的：

1. 单纯增加员工薪资，就会增加企业成本负担，影响超市盈利。

2. 加多少合适，加多了老板不愿意；加少了激励性弱，效果短暂。

该连锁超市在全国有6万多名员工，假如每人每月增加100元的收入，超市一年就要多付出7200多万元的薪水——大概10%的净利润，况且100元对于员工的激励也小，效果更是短暂。为了增加员工的薪酬，也为了节约成本，主要是果蔬的损耗，以及提升营运收入，超市在执行副总裁柴某的指挥下开始了对一线员工实行“合伙人制”。

要理解连锁超市合伙人制度的精髓，就必须把握其核心：总部与合伙人代表的经营单位根据历史数据和销售预测制定一个业绩标准，如果实际经营业绩超过了设立的标准，增量部分的利润按照比例在总部和合伙人之间进行分配。所谓经营单位，也就是总部与其进行利益分配的另一方员工。由于超市有数万名员工，总部不可能与每一位员工去开会敲定合伙人制度的一些细节和考核标准。因此，一般是以门店或者柜组为经营单位，它们代表基层员工参与合伙人计划，并与总部讨论至关重要的业绩标准与考核。

一般情况下，合伙人是以门店为单位与总部来商谈，超市总部代表、门店店长、经理以及科长一起开会探讨一个预期的毛利额作为业绩标准。将来在门店经营过程中，超过这一业绩标准的增量部分利润就会拿出来按照合伙人的相关制度进行分红，或三七，或四六，或二八。店长拿到这笔分红之后就会根据其门店岗位的贡献度进行二次分配，最终使得分红机制照顾到每一位基层员工。这样一来，员工会发现自己的收入和商品品类、部门、柜台的收入是挂钩的，只有自己为消费者提供更出色的服务，才能得到更多的回报。因此，合伙制对于员工来说就是一种在收入方面的“开源”。

合伙制度的效果如何呢？以生鲜果蔬作为核心竞争力的某连锁超市，果蔬损耗率是最大的挑战。然而在门店合伙人制度中，并未见到果蔬损耗率的考核，那是不是某连锁超市放弃了对果蔬损耗率的考核呢？

我们发现在某连锁超市的合伙人制度中，每个业务部门都会设定毛利目标，同时还会根据各业务部门毛利目标完成的情况进行排名，根据排名情况，每个部门的合伙人在分钱的时候都会乘以排名对应的系数。这就十分有趣了。要提高毛利，只有两个手段：一是提高售价，二是降低成本。果蔬产品的售价受市场控制，很难做文章。在成本方面，某连锁超市果蔬的采购是统一的，那只能从损耗入手来拉开差距。合伙人制度实施后，某连锁超市的果蔬损耗率仅为5%，远低于同行平均水平的30%。

所以，事业合伙机制一定是利他主义。真正的合伙机制，是从原来的雇佣关系，转变成为共担、共创、共享、共赢的事业合伙人关系。合伙机制不等于股权激励。股权激励是中心化思维，合伙机制是去中心化思维。股权激励是老板和员工的关系、是激励和被激励关系；事业合伙是相互激励、相互赋能的关系。

合伙机制首先要做到共担。共担就是该出钱的出钱，该出资源的出资源，让合伙人相互之间都没有退路。因为企业在经营的过程中，不会一直一帆风顺，一定会在不同阶段遇到这样或那样的困难。以共担作为前提，让所有人相互之间没有退路，才有生路，才能干成。因此，合伙人制度是将企业运营的风险合理分配给合伙人，促使合伙人共同承担风险，也共同推进企业创造价值的最大化。

其次要做到共创。共创不能简单地理解为共同创业，准确地说，应该是合伙人共同谋划、共同决策，推动企业可持续发展。企业的未来是基于合伙人机制下由合伙人和股东共同创造的，因此企业决策权利的合理下放，清晰界定合伙人的权利范围便成为一个非常关键的实施要素。

合伙人可以分为两类：一是创始合伙人，是共同开办公司的合伙人；二是升迁合伙人，是根据业绩升迁到合伙人队伍，是对公司发展作出突出贡献的部分管理人员。随着企业发展，创始合伙人会逐渐减少，一般有两种情况：一是因意见不合而全身离职并转移股份；二是因健康或能力原因而离职但保留股份，成为纯粹的食利者。

相反，升迁合伙人则可能会随着企业发展而逐渐增加。一方面，人才是任何一个企业发展的硬核，需要调动和施展他们的智慧；另一方面，发挥人才的智慧，需要给予足够力度的激励，这种激励绝不仅仅是物质上的，更重要的是精神上的，前者是获取收益，后者就是参与治理决策。一般而言，升迁合伙人是动态的，有的可能因为离职而退出，有的可能因为能力下降而退出。

最后要做到共享，就是共享公司收益。这属于物质激励或收益权范畴。事业合伙人的“共享”已经不是传统意义上的增加工资和派发奖金，而是合伙人作为公司所有者所享有的剩余价值分配权。当然，不是所有公司的所有合伙人都享有这种权利。

在不同行业的企业中，针对不同层次的合伙人团队，共享模式都需要有所不同。在合伙人机制中，共享是由股权激励来实现还是通过超额利润分享，抑或基于项目跟投，都需要参考行业标准，与合伙人达成共识，才有机会成为行之有效的机制。

万科的合伙人分为三个层次，最高层次和中间层次的合伙人享有股权，而最低层次的合伙人不享有股权，只是通过财务的独立核算享有利润分配权。三个层次合伙人均要缴纳不同比例的保证金，层级越高，缴纳的保证金就越多。通过这种方式，各层次合伙人的工作动力都增强了，尽管最低层次合伙人不享有股权，收益共享程度不如前两层次合伙人，但他们有通过努力以升级为高一级合伙人的激励。

第2节 如何选择合伙人

在风险投资界有一个普遍的认识，“与其投资一个一流的项目二流的团队，不如投资一个一流的团队二流的项目”。显然，在投资人眼里，团队比项目更靠谱。

合伙人的重要性超过了商业模式和行业选择，比处于风口上更重要。现在的企业合伙制是大势所趋，实行合伙制的前提是要找到合适的合伙人，我今天就和大家分享一下，如何找到合适的合伙人。

当企业的创始人有了伟大的想法之后，紧接着考虑的就是寻找志同道合而且可以共同创业、全心全意投入的合伙人。找合伙人的第一步就是要思考，你想找到什么样的合伙人？什么样的合伙人才能一起把你的宏伟想法变成现实？这就需要制定人才选用的标准。可以说，找对了合伙人，共赢就有了基本保证。

究竟什么样的人才是优秀的合伙人呢？我们认为，首先要符合三个基本条件。

第一，要源于共同的目标。目标一致才能共创未来，首先要选择对企业经营有共同认知的人。只有志同道合，在运营分工上才能产生默契，让管理高度浓缩。只有目标相同，才能在公司的大小事项上保持一条线路前行，从而不至于产生太多的分歧，这对一个公司前行的发展方向来说，犹如船帆那样重要。很多企业的合伙人最后分手，就是因为大家的目标不一致。

第二，要有坚定的信念。“三天打鱼，两天晒网”，这是个别人做事的态度，这样的人往往信念不够坚定，企业坚决不能找这样的人做合伙人。要找一个对成功有着极其强烈愿望，对创业有坚定信念的人，这样在凶险的商业浪潮里，才能百战不殆，携手共赢。

第三，具有一定的合伙资本。空手套白狼的时代已经过去，选择企业的合伙人，一定要要求合伙人有真金白银的投入。该出钱的出钱，该出资源的出资源，让合伙人相互之间都没有退路。因为，企业在经营的过程中，不会一直一帆风顺，都会存在这样或那样的风险，让所有人相互之间没有退路，才有生路，才能干成。我们看到那些成功的合伙企业，如果仔细分析他们的合伙人，毫无疑问从各方面都能找到他们的优势，而这些优势就成为他们成为合伙人的资本。

通过《中国合伙人》这部电影，我们也能看出三个人之所以会成为合伙人，原因无非是有钱的出钱、有钱的也有技术、有技术的也有管理能力、有管理能力也有良好的坚毅品质。三个人加起来的综合能力非常出色，很多方面能够互补，只有这样才能形成坚定的铁三角。

当然，诚实守信、共同的价值观、有责任感、彼此信任是成为合伙人的先决条件，人品不好的合伙人就好比是公司的定时炸弹，所以在选择合伙人时，一定要擦亮眼睛仔细筛选。

案例2

某手机公司发展迅速，创收可观。在创业初期，公司创始人雷某花费80%的时间来招人，花费20%的时间来用人。这种方式让公司从一开始就拥有8个独当一面的合伙人。

公司事业合伙人的“伙计们”各管一块，充分授权，各自全权负责自己所负责的一块业务或职能，其他人不予干预。而其组织架构基本是只有三级：合伙人——新主管——员工。

雷某找人有两个要素：第一个要素，找最专业的人。乔布斯曾经说过，“我过去常常认为一位出色的人才能顶两名平庸的员工，现在我认为能顶50名。我大约把1/4的时间用于招募人才”。

雷某在创业时也深谙此道。在成立公司之后，雷某在不同的领域找了七个合伙人。洪某之前是某国际知名公司的第一产品经理；黎某擅长营销和交互；周某有多年的硬件开发的经验；刘某是美国艺术设计中心学院工业设计硕士，分管设计。这七人各司其职，在成立一年多的时间里便打造出爆款产品手机，公司也从此乘上火箭，估值水涨船高。

第二个要素，找最合适的员工。员工要有创业精神，主要是指要有创业心态，对所做的事要极度喜欢，有共同的目标，这样就会有很强的驱动力。

三个月的时间里，雷某见了超过100位做硬件的人选，终于找到了负责硬件的联合创始人周某。第一次见面的时候，从中午12点一直谈到了晚上12点。后来，周某说愿意加入公司，是因为雷某跟他说，“必要的时候，雷某可以去站柜台卖手机”。所以，创始人到底有多想做成一件事情，在聊的过程中对方也在判断。

在创业初期，全体员工都投了钱，占有了一部分股份。雷某认为将员工变作股东，员工的创业心态就会自我燃烧，会有更大的主动性，这样就不需要设定一堆的管理制度或关键绩效指标（KPI）考核等，每名员工都有主人翁意识，这才使得他们将热情和激情投入工作之中，也让公司在初期就跑得如此之快。

也正因雷某在找人阶段的“正确投入”，依靠着这一支雷某筛选出来的队伍，在公司创办四年之后手机销量突破6000万台，成为全球第三大手机厂商，估值高涨450亿美元，也让该手机公司在今天仍然保持强大的生命力。

那我们需要找什么样的合伙人呢，首先要找到你最缺的技术合伙人。在实行合伙制的企业中，第一个要找的就是技术合伙人，特别是互联网行业中，否则的话，公司很可能就是在唱空城计。

案例3

我们以《西游记》中唐僧团队为例，团队中的技术核心人员是谁？是孙悟空，那么我们来分析一下唐僧为什么能找到孙悟空？

首先，你一定不要相信唐僧说服了孙悟空。实际上孙悟空对取经大业根本没有兴趣，孙悟空之所以要加入团队，是因为他和观音做了个“交易”，他答应保唐僧，而自己可以被救出来。

其次，孙悟空是个有情有义的人。唐僧救了他之后，对他来说有脱难之恩。孙悟空也是个讲信用的人，如果不守信用，以后就没法在三界混下去了。

最后，观音给孙悟空戴了个紧箍，不去保唐僧也是不行的。

除了这三点，取经对孙悟空来说并没有吸引力，所谓的取得正果，位列仙班，他根本就不在乎，究其原因是他和观音背后达成了一致。也正是因孙悟空，唐僧的取经事业才会成功。所以，找到合适的技术合伙人可以实现从0到1的跨越。

怎么找到技术合伙人呢？就像唐僧急需孙悟空这样的技术人才，然而对于孙悟空来说，他并不需要唐僧。当年孙悟空被压在山下，一身本领无处可施，他最在乎的是谁能把他从山下救出来。所以，作为企业的创始人，你必须先去找到那个被压在山下，才华无法施展的孙悟空，然后把他救出来。把他救出来以后，给他戴个金箍，也就是股权激励，把他留下来。

打江山需要技术合伙人，而管理江山就需要管理合伙人，也就是以前所说的职业经理人。初创企业在吸引了技术合伙人，获得了投资人的青睐之后，接下来就要拿出一套行之有效的办法，让自己的企业更稳定有效地运营下去。毫无疑问，管理类型的合伙人就是急需的。

组建合伙人团队是企业创始人十分重要的工作，但创始人不太可能采用公开人才筛选的方式去找合伙人。面对茫茫人海，创始人应该去哪找合伙人呢？基于创始人的同学、同事、同志（志同道合的朋友）、同行、同乡等亲密关系的圈子，才是合伙人人选的关键来源。这样的圈子更具有稳定性，对于初创企业而言也最靠谱、最高效，同时也是成本最低的方式。

如果基于亲密关系的圈子都不能合伙创业，那么公开寻找的陌生人更难组成一起共渡难关的合伙人团队。而且，在创业初期，寻找优秀的陌生人作为合作伙伴，成本是非常高的。通过同学、同事、好友、同行、同乡等亲密关系的圈子，很容易结成比较稳定的合伙人团队。而且，基于同学和朋友关系的合伙人团队分工明确，各有所长，相互信任，价值观一致，更容易形成标杆式的创始合伙人团队。

所以，我们如果要找合伙人，首先要找到技术合伙人，其次要找到管理合伙人，最后要找到运营合伙人。而这些合伙人主要是从我们的同学、同事、朋友、同乡、同行等亲密关系的圈子里来寻找，这样的成本比较低，而且信任度更高。最后要强调一点，不是什么类型的人都适合做合伙人。

第3节　阿米巴与合伙制

说到阿米巴，我们就一定要提到一个人——稻盛和夫。很多企业家都在盛和塾学习稻盛和夫的经营理念。而稻盛和夫的这一套经营理念又是从何而来呢？追本溯源的话，他的本源来自中国的王阳明心学。

王阳明生于浙江余姚，是中国明代著名的思想家、哲学家、文学家和军事家。王阳明是陆王心学之集大成者，不但精通儒家、佛家、道家，而且能够统军征战。后在贵州龙场悟道完善了他的心学“心外无理，心外无物”理论，被称为立德、立言、立功的三不朽圣人。

王阳明创立阳明心学，参透世事人心，终成一代圣哲；稻盛和夫将阳明心学应用于现代企业管理，缔造了三家世界500强企业，成为日本“经营之圣”。

其实，通过三句话就可以初步懂得阳明心学，但难的是终身奉行。三句话是：心即理、知行合一和致良知。这三句话层层递进，构成了王阳明的心学体系。

稻盛和夫对阳明心学也有很深的研究，并融入自己的经营理念之中。稻盛和夫于27岁创办京瓷集团，于52岁创办日本第二电信KDDI，这两家公司都在他的有生之年进入世界500强。78岁出任破产重建的日航董事长，仅仅用了一年时间，就实现了“V”字形的反转，做到了三个第一：利润率世界第一；准点率世界第一；服务水平世界第一。他被誉为日本20世纪的经营之圣，稻盛哲学创办人。

王阳明和稻盛和夫在精神上的共同点：一个叫“致良知”，另一个叫“作为人，何谓正确”。王阳明讲，每个人心中都有良知，只是良知被蒙蔽，所以才会干些坏事，而修炼心学就是要擦拭那些污垢，恢复本来的面目就好。

稻盛和夫在经营企业的过程中，经常碰到很多问题，如税务、员工离职、产品质量等。在解决如此多问题的过程中，稻盛和夫总结出来一套决策哲学。当经营者在碰到疑难问题而又没法解决时，稻盛和夫就讲了，你就想，作为一个人，你该怎么做才算正确呢？他相信，按此指引，人就能作出正确的决策。

在稻盛和夫的经营哲学中，有很多“致良知”的影子。比如，稻盛和夫说，要判断某件事是否有道理，不能只看其是否符合逻辑，还应当看其是否符合人类的道德标准，要思考其与人类价值的相关程度。稻盛和夫信奉的是天理良知，两人的精神世界十分契合相通。

稻盛和夫的经营方式叫“阿米巴”。为什么叫“阿米巴”？“阿米巴”在拉丁语中是单个原生体的意思，虫体赤裸而柔软，其身体可以向各个方向伸出伪足，使形体变化不定，故而得名“变形虫”。变形虫最大的特性是能够随外界环境的变化而变化，不断地进行自我调整来适应所面临的生存环境。这种生物由于其极强的适应能力，在地球上存在了几十亿年，是地球上最古老、最具生命力和延续性的生物体。

所谓阿米巴的经营方式，其实就是将各个部门拆成独立营运的利润中心，并且由堪当大任、有经营概念的人作为负责人。和合伙人制度有些类似，只是由于当时日本没有类似的经营制度，所以稻盛和夫不得不变通出这样的一种经营模式。

阿米巴经营模式就是将整个公司分割成许多个被称为阿米巴的小型组织，每个小型组织都作为一个独立的利润中心，按照小企业、小商店的方式进行独立经营。比如说制造部门的每道工序都可以成为一个阿米巴，销售部门也可以按照地区或者产品分割成若干个阿米巴。

阿米巴经营模式成功的关键在于通过这种经营模式明确企业发展方向，并把它传递给每位员工。因此，必须让每位员工深刻理解阿米巴经营的具体模式，包括组织构造、运行方式及其背后的思维方式。

我这里先举个例子说明什么是阿米巴：有A、B、C三家厂子，是同一个行业的三家工艺流程完全相同的竞争企业，核心部门也都无非是生产部门+销售部门。其中，三家厂的生产部门都分成一模一样的两组，引入竞争，提高生产效率。

A厂，生产部门实行的是计件制，生产工人每生产一件产品可以获得对应的提成，员工的积极性挺高。

B厂，生产部门实行的是KPI制度，每完成一定量就有对应的提成，不同工作量有不同的提成。而且实行的是阶梯制，生产的量越大，对应的提成比例也不断提高。

C厂，生产部门实行的是阿米巴经营。第一生产小组和第二生产小组都干着相同的活，他们不是按件，也不实施KPI制度，他们生产出来的产品是要卖给销售部门的，定价也由他们和销售部门来谈判协商。卖给销售部门产生的盈利，他们提取一定比例作为提成。

这三家厂哪种策略更好？评判这三家厂孰好孰坏，不是一句话的事。每种策略都有其优劣，这是受到很多因素影响的。但从如下标准来说，阿米巴经营有其不可比拟的优势：

一是充分调动员工主人翁精神。在A厂、B厂中，生产员工与企业是简单的雇佣关系，干得多拿得多，企业的生存状况与员工关系并不大。但在C厂，虽然生产员工的权利并没有扩大太多，但他们也是独立的结算单位，通过开源节流赚的钱，最后会成为他们的提成，而不仅仅是加工费用。另外，企业的整体情况也会影响到每个结算单位的收支，所以每个小阿米巴最后都是企业经营者，为企业利益最大化添砖加瓦。

二是考察指标的有效性。企业是以盈利为目的的，如果每个部门的考察指标都是盈利能力，那么这家企业在盈利上一定不会差。A厂和B厂考察的是量，这种指标对于生产部门来说，是最直接也是最好考察的，但似乎也就把生产部门和市场竞争割裂开来，而且产品能不能赚钱就全靠管理层眼光。对于C厂，其生产部门考察的是盈利能力，所以生产人员要从价格和成本两个角度考虑问题。其一，提高销售给销售部门的价格，这就要求生产人员去了解市场，听取销售部门的意见，从而改善生产，改良产品品质，以便产品更符合市场需求，提高产品价格。其二，减少生产成本，比如减少存货，改善生产流程，这种行为是不会自发出现在A厂、B厂内的。

三是财务数据的精确性和时效性。在A厂、B厂中，财务数据是与生产部门无关的，他们的生产数据会汇总到财务部门，财务部门月底或者每季度统一出表。但在C厂，每个生产小组每天的数据都是精确而且实时更新的，每个小组每天赚了多少钱都立马能够计算出来，而不用等月报或季报。

四是能够快速发现企业的问题。生产一个产品，到底能不能赚钱？对于A厂、B厂，可能需要出表之后，根据盈利数据倒推，将各项成本进行分摊或者对应，然后才能知道甲、乙等产品是否赚钱。但在C厂内，每个产品的成本和售价都是公开而且经常变动的，哪个产品能不能赚钱，阿米巴的经营组长都知道。

阿米巴经营是以经营哲学为基础的，是与公司运行的所有制度都密切相关的、综合性的经营管理体系。阿米巴经营与经营的所有方面都密切相关，要弄清它的整体形象不太容易，所以在学习阿米巴经营时，关键是要理解阿米巴经营的目的。

阿米巴经营的目的有三项：一是确立与市场直接挂钩的分部门核算制度；二是培养具有经营者意识的人才；三是实现全员参与的经营。

从合伙人制度的角度来看，阿米巴经营的分部门核算制度就像合伙人的考核制度：培养具有经营者意识的人才就相当于具有合伙人意识；实现全员参与的经营就相当于全员合伙制。但两者也存在明显的区别。合伙人制度主要是通过股权对合伙人进行激励，而阿米巴里面全员参与经营，但它没有股权，是用透明的经营原则让全体员工能看清楚公司的经营状况，用这样的方法来提高公司的道德水准，促进全员参与经营，把全体员工的力量凝聚起来。业绩优秀的阿米巴不会得到高额的奖励，但是出于补偿，取得出色业绩的阿米巴，会得到同伴的赞赏和感谢这类精神上的荣誉。

所以阿米巴和合伙制最主要的区别在于：阿米巴主要给予的是精神上的荣誉；合伙制主要给予的是物质上的奖励。有些人可能不理解，为什么精神上的荣誉会提高员工的积极性？这是由日本独特的企业文化决定的。

在日本不提倡员工离职，也不提倡企业裁员，一般员工在一个企业一干就是一辈子，所以在这个企业获得的荣誉对他来说是至关重要的，甚至超过了物质上的奖励。但这种单纯的精神上的奖励，在中国企业未必能行得通。

稻盛和夫自己也说，在当时，美国就有会计师事务所、律师事务所采用合伙制的经营模式，公司成员都是共同经营者，都是伙伴，都对经营负有连带责任。他也曾想过如果京瓷的员工也都是经营的伙伴，那该多好，遗憾的是在日本的法律制度里面找不到这样的经营形态，所以稻盛和夫独创了一种和合伙人制度比较类似的阿米巴经营。

稻盛和夫认为，让全体员工积极参与经营，在各自的岗位上发挥各自的作用，尽到各自的职责，那么员工已经不再是单纯的劳动者，而是具备了经营者意识与经营者共同工作的伙伴。因为履行了自己的责任，他们就会品尝到工作的喜悦和成就感，相互之间都抱着为公司作贡献的目的投入工作，就能实际感受到人生的价值，全体员工都能找到工作的乐趣和人生的价值，因而拼命工作。在这个过程中，每位员工都会最大限度提高自己的能力。这一点很值得我们借鉴，很多企业认为推行合伙人制度要靠物质激励，其实实现员工精神方面的成就感也是很重要的激励手段。

国内很多企业学习阿米巴，导入它的核算体系，最终成功的很少，原因就是他们忽略了阿米巴的基石，也就是稻盛和夫所说的经营哲学。稻盛和夫花了很长时间才顿悟道：虽然最初是为了实现个人梦想创办了公司，但是一旦公司成立以后，员工们是将他自己的一生都托付给公司，所以公司有更重要的目的，那就是保障员工和他家庭的生活，并为他们谋幸福，而我必须带头为员工谋幸福，这就是我的使命。在追求全体员工物质和精神两方面幸福的同时，为人类社会的进步发展作出贡献。

京瓷的“阿米巴经营”和海尔的“人单合一”本质上有相似之处，就是要激发一线活力，提高运营效率。我们可以看看下面这个案例。

案例4

1998年到2005年，某家电公司通过在美国建厂、收购意大利工厂，开始了国际化战略。与此同时，张某提出了市场链和人人都是SBU的理念。SBU就是战略业务单元，目的就是要把人强行推到市场面前，以破解组织变大之后的效率低的问题，这也为他日后提出“人单合一”打下了坚实的理论基础。

通过梳理该家电公司的发展史，我们看到如何划小经营单位、激发一线活力，一直是该家电公司探索的方向。从2005年开始，该家电公司开始推行人单合一的理念，“人”指的是员工，“单”指的是用户，“人单合一”就是员工给用户创造价值的同时实现自身价值，达到双赢的结果。这和稻盛和夫的“在追求全体员工物质和精神两方面幸福的同时，为人类社会的进步发展作出贡献”何其相似。在人单合一的管理实施过程中，该家电公司的指导思想是对外创造用户价值，对内把大企业变小，让每个员工都成为CEO。

人单合一双赢的路径是这样：每个自主经营体，在可靠的成本预算和市场预算前提下，及时地创造和完成客户需求，为客户创造价值，然后赢得自我价值。

2013年张某提出“三无”的观念，企业无边界、管理无领导、供应链无尺度。2014年，该家电公司集团战略推进的主题是“三化”，公司平台化、用户个性化和员工创客化。

在该家电公司集团的大平台下，目前已经有39个小平台。在这39个平台上，该家电公司内部成立了212个小微企业，如雷神游戏、空气魔方等，其中雷神游戏本是家电公司要打造的创业小微典范。这其中最深刻的转变是雷神创业团队和家电公司的关系，由雇佣关系转变为合作关系。这也正是张某提出员工创客化的初衷，企业和员工解除原来的雇佣关系，现在每个人都是创业者和合伙人，企业和创业者是共创共赢的关系。

第4节　从职业经理人到事业合伙人

职业经理人制度起源于美国。从1998年到2013年，职业经理人在中国流行了15年。当初，职业经理人被寄予厚望，在商业领域备受关注。职业经理人依托所掌握的知识和技能，解决了企业经营和管理中的诸多问题。但是，近年来企业界出现了这样的言论，“公司在遇到风险的时候，职业经理人将难以成为公司的依靠”。是什么原因导致越来越多的企业家一谈及职业经理人就摇头？职业经理人未来的出路到底在哪里呢？

不可否认的是，职业经理人拥有的管理理念、方法以及所使用的工具处于先进水平，是老板们所渴求和看重的。但传统雇佣制度，公司所有权和经营权分离，不完全的委托代理让老板和职业经理人处在一种博弈的关系，双方的信任基础薄弱，容易引发诸多矛盾。

职业经理人和合伙人的核心区别就是是否有共担精神，那么在这两种制度设计下，为什么职业经理人没有共担精神？

职业经理人的第一要求是什么？专业。前面提到过职业经理人产生的原因之一就说明职业经理人要精通企业经营管理。

合伙人的第一要求：志同道合，价值观一致。合伙人的第一道门槛一定是要认同企业的使命、愿景、价值观，专业能力是放在次要位置的。志同道合的人在一起是基于共同目标做大事业，而职业经理人和公司之间是雇佣关系，公司可以更换其他职业经理人，职业经理人也可以主动离开，双方一直处于利益博弈的关系。

从决策方式上来说，合伙人是共同决策，共担决策的风险。而职业经理人更多的是要求服务和执行，决策是公司高层的事，职业经理人只需要按要求执行就可以了，这也说明人本资源并没有得到很好的运用，没有为公司创造更大的价值。

这就是职业经理人没有共担精神的原因，职业经理人制度制定的初衷是找到专业人士经营管理企业，代表资本处理和各利益相关方的合同关系，并没把经理人纳入共担公司风险的体系中，所以制度设计也决定了人的行为。

回过头来看职业经理人的产生，现在所发生的问题也是必然的。职业经理人的产生导致了公司所有权和经营权的分离，这也决定了公司治理的核心是“防止内部人控制”，尽管资本把经营权剥离出来交到经理人手中，但两者之间依然是不信任的，资本会对经理人严防死守，以避免公司被职业经理人控制，这也造成了资本和人本之间的博弈关系。

当人本的力量不断成长和发展，到了知识经济时代，人本的重要性和差异性越发显现。人本逐渐处于强势地位，但是它所拥有的权利依然被资本侵蚀，在这种情况下，要么选择离开企业，自己凭借积累的资源去开拓事业；要么在职业经理人的位置上做好自己的事情就行，也做好了随时走人的准备。制度决定人的行为，时代环境在变化，所以制度也要随着升级。职业经理人制度主要存在以下问题。

第一，脆弱的信任基础。职业经理人对企业的经营管理具有重要的意义。但是对很多老板来说，最担心的就是，自己辛辛苦苦培养出来的公司骨干，却在羽翼丰满后离开公司自立门户，不仅成了自己的竞争对手，同时还违背了基本的商业原则，带走了原本属于公司的客户。这种现象在现实的经营中是经常出现的。虽然这种行为已经触犯了法律的相关规定，但因为取证困难，很多公司在维权的过程中劳心劳力，这种案件到最后一般都是不了了之。

第二，不平等的沟通。老板之所以聘请职业经理人，是因为看重职业经理人的能力和经验，但是老板和职业经理人在沟通的过程中，存在天然的不平等。据调查，当职业经理人的观点被老板否决时，超过一半的职业经理人会选择回避的方式，或者放弃自己的意见，而不是与老板据理力争。这种情况的结果就是，老板一言堂，职业经理人变成了一个纯粹的执行者。久而久之，老板就会认为职业经理人没什么用，职业经理人认为既然都是老板做决定，自己的能力也无法得到发挥。

第三，对“职业精神”理解的偏差。从本质上说，职业经理人依靠的是能力与业绩，所以职业经理人讲究的是职业精神，对他们来说，专业是第一位的。但是，这些老板只看重了“职业精神”的基本含义，而忘了职业精神有限付出的明确边界，忘记了只有依靠企业规范的管理体系、企业发展到一定的境界和规模，职业经理人才能发挥作用。民营企业或者创业型企业，员工几乎是24小时待命，在职业经理人看来，公司没有明确的职责边界及合理地安排工作和生活，于是许多在大型外企担任过重要职位的职业经理人，在民营企业或创业型公司会出现“水土不服”的情况。

第四，“胡萝卜加大棒”逐渐失效。“胡萝卜加大棒”是传统的员工激励与管理政策，“胡萝卜”是指奖励，“大棒”是指惩罚，也就是同时运用奖励和惩罚的两种管理方式。不可否认，这种方式曾经确实有效。但是随着教育的普及，人们的素质及自我意识越来越高，以及就业的多元化，“胡萝卜加大棒”的效果逐渐减弱，员工的忠诚度、敬业度、企业的凝聚力越来越低。这些问题都源于员工的“打工者”心态。所以，合伙人制度是这个时代的必然选择。

一、职场环境已经改变

从一而终地在一家公司工作的时代已经一去不复返。“85后”“90后”基本没有要在一家企业干到退休的想法，只要找到待遇更好的下家就有可能选择跳槽。不要抱怨现在的员工不忠诚、不敬业，其实是如今职场本身、社会本身已经发生了深刻改变。随着教育的普及，人们的素质和自我意识越来越高，传统的雇佣制度已经失去了吸引力。

二、互联网思维下的扁平化管理

互联网思维正浩浩荡荡地进军各个领域，其中最重要的一点就是用户思维。以小米为例，如果按照传统的企业管理办法，设计师和工程师做出来的产品经过层层的汇报和审批，这样不仅效率低下，而且不能保证最后的产品是符合市场需求的。因此，小米实行的是尽可能扁平化的组织结构。扁平化的管理，在管理定律中体现为“同仁法则”。所谓“同仁法则”，就是将员工当作合伙人，而不是上下级关系。对一家企业来说，员工之间的关系越融洽，沟通越顺畅，工作效率就越高，效益就越好。

三、单打独斗的时代已经过去

当前企业面临的生存环境越来越艰难，以往靠老板一个人的决断就能蓬勃发展的时代已经过去。老板不是全才，需要精英们的协助才能在红海中获得生存，但同时又担心优秀员工出走创业，带走现有的资源。而员工则希望更多地参与到资源分配的环节中。解决双方不信任的矛盾，首先需要老板转变思想，意识到合作永远是人的最高需要。老板可以通过给予一定的股份或者鼓励其内部创业的方式将他们留在公司，让他们获得股东身份，达到通过合伙团队的“发动机”自下而上推动企业发展的目的。

那些曾经被光环笼罩的职业精英们，他们仍然是企业迫切需求的高端人才，但在传统的雇佣机制下，已经难以适应当前企业的发展。在日趋激烈的竞争环境里，得人才者得天下，只有打造事业合伙人制度，在利益分配机制上和身份上，彻底将员工从“打工者”转变成事业合伙人，让人人都是创业者，用梦想引领团队，最终打造出一支优秀的团队，形成一股强大的力量。

前几天看到一个小故事，过去有一位地主娶了个小媳妇，洞房花烛夜的晚上，小媳妇看到老鼠在偷吃地主家的粮食，捂着嘴笑着说，“老鼠在偷吃你家的粮食呢”。第二天早上，看到老鼠还在偷吃粮食，便拿起扫帚一把扔过去，说，“臭老鼠，敢偷吃我们家粮食”。从职业经理人的角度来看，我是站在旁边看“老鼠在吃你家的粮食”的人。而从合伙人的角度来看，老鼠在吃我们家的粮食，我们要去抓老鼠，这就是两种身份带来的思考和行动。

彼得·德鲁克对世人有卓越贡献和深远影响，被称为“管理大师中的大师”。彼得·德鲁克以他建立于广泛实践基础之上的30多部著作，奠定了他现代管理学开创者的地位，被誉为“现代管理学之父”。他认为，不是只有管理别人的人才称得上是管理者，在当今知识社会中，知识工作者即为管理者，管理者的工作必须卓有成效。

彼得·德鲁克在最后的岁月里观察到，授权和参与已经不符合时代的要求，在知识社会，传统的自然资源、劳动力和资本的价值都在下降，创造财富的主要源泉是知识。在知识上，知识工作者将成为主导力量，如同资本家知道如何将资本用于生产一样，知识工作者知道如何将知识用于创造价值。彼得·德鲁克曾说知识是今天唯一有意义的资源，只要有了知识，土地、劳动力和资本就会纷至沓来。

知识资本和财务资本并驾齐驱。彼得·德鲁克认为，知识社会是由初学者和资深者构成的社会，而不是由老板和下属构成的社会，传统的老板和下属的角色将会消失。他明确提出，管理者要将下属视为合伙人。原因很简单，在知识社会，作为下属的知识工作者，在很多专业领域的知识和技能要胜过上司。知识工作者提供知识资本，与企业家提供的资金是一样的，两者彼此依赖，这使知识工作者获得了与企业主平起平坐的地位，变成平等的合伙人或者伙伴。

彼得·德鲁克也提到，要重塑员工和管理者的关系。从授权到共创共享式领导，是一次颠覆性的转变，员工和管理者真正成为合作伙伴的关系。表面上，好像是说合伙人是企业的主人，企业经营所有权的拥有者；职业经理人是雇佣的员工，拥有企业的经营权。但从本质上来说，两者代表了两种不同精神，职业经理人强调的是职业化精神，合伙人强调的是企业家精神，这也说明了合伙人的要求更高。什么是职业化精神，其基本要求就是不折不扣完成自己的本职工作，而企业家精神的核心是思公司之所思，想公司之所想，是能担起公司责任的。

合伙制是对职业经理人制最好的升级。企业导入合伙制，将能够帮助企业获得更多的人才、更快的发展速度、更大的发展规模，保证企业基业长青。

第5节　合伙人制度与股权激励

这两年股权激励和事业合伙人越来越热。到底什么是事业合伙人？它和股权激励有什么样的关系？

股权激励是用股权实现对人的有效激励的管理办法；事业合伙人机制则是对一个特定群体实现有效化的全生命周期的管理机制。简单来说，事业合伙人机制一定包括股权激励，但是股权激励则不一定只针对事业合伙人。

在之前的内容中，我对股权激励进行了比较详细的分享，在这里再简单地介绍一下。

股权激励，是企业为了激励和留住核心人才而推行的一种长期激励机制，是目前最常用的激励员工的方法之一。股权激励主要是通过附条件给予员工部分股东权益，使其具有主人翁意识，从而与企业形成利益共同体，促进企业与员工共同成长，并帮助企业实现稳定发展的长期目标。

从员工薪酬结构看，股权激励是一种长期激励，员工职位越高，其对公司业绩影响就越大。股东为了使公司能持续发展，一般都采用长期激励的形式，将这些员工利益与公司利益紧密地联系在一起，构筑利益共同体，减少代理成本，充分有效发挥这些员工的积极性和创造性，从而达到公司目标。

在股权激励计划的实施过程中，最重要的是股权激励模式的选择。目前比较常用的激励模式有11种：虚拟股票、股票增值权、账面价值增值权、延期支付、干股、股票期权、期股、限制性股票、业绩股票、员工持股计划和管理层收购。企业需要根据自身实际情况，选择适合自己的最优股权激励模式，才能达到激励的效果。但是，股权激励制度也面临着一些问题。

早在2005年，享誉全球的投资大师沃伦·巴菲特就对美国上市公司执行的股权激励计划进行过严厉批评。他认为，股权激励只是一场肥了高管们的腰包，却没有真正提高企业业绩水平的被操纵的游戏。他讲了一个很有名的案例。

案例5

假设停滞公司授予CEO无用先生一定数量的股票期权，比如相当于公司总股本的1%，那么他的个人利益就会决定他的行为，他肯定不会向股东分配任何红利，而是用公司所有利润来回购股票，从而推高股价，让他自己的股票期权收益最大化。

在无用先生的领导下，停滞公司名副其实，根本没有实现什么增长。在发行期权后的10年内，公司每年在100亿美元的净资产价值基础上盈利10亿美元，假设公司全部流通股为1亿股，这意味着公司每股盈利10美元。无用先生拒绝向股东分配红利，而是用全部盈利回购股票。如果股价一直保持10倍市盈率水平，那么在期权到期之日，回购将会推动股价上涨158%，这是因为持续回购将使公司流通股减少3870万股，每股收益将因此提高到25.8美元。仅仅是简单地通过将股东收益全部留存不做分配，通过持续回购股票推高股价，CEO无用先生就能获得1.58亿美元的巨额财富。

尽管在他的领导下，公司业务根本没有任何增长。更令人吃惊的是，即使停滞公司的收益在这10年间下降20%，无用先生通过股票期权仍然可以赚到1亿美元以上。当时公司实施股权激励计划向无用先生授予期权时，声称股权激励能够使高管和股东结成利益同盟，可是结果怎么是不管公司业绩如何，CEO都能够大赚一笔呢？这究竟是怎么回事？

CEO们非常明白，分配红利越少，自己从股票期权上所赚的钱越多，他们知道所分配给股东的每一分红利都相应减少了已发行股权的价值。可是，从未见过任何一份股权激励计划中曾经提到过存在管理层和股东之间的利益冲突。尽管CEO总是一成不变地在公司内部宣扬，世界上没有免费的午餐，获得资本总是要付出成本的，但他们不知为何总是忘记告诉股东们，授予固定价格股票期权给CEO带来的资本却是完全免费的。

巴菲特的上述观点是针对上市公司的期权性股权激励计划而言的。他所批评的内容都是真实的，不仅在美国的上市公司中普遍存在，其他国家的上市公司中也是普遍存在的。但是这并不代表非上市公司采取股权激励的后果是同样的糟糕，尽管非上市公司股权激励的消极面会从另一个或多个侧面暴露出来。同样，我们不能否认的事实是，如果没有职业经理人的打理，企业的资本增值可能性会大打折扣，而实行合伙人制度就可以最大限度减少管理层和股东之间的利益冲突。

股权激励是合伙人制度的重要组成部分，但不是合伙制的全部。就事业合伙人而言，他是职业经理人的升级版。职业经理人制度存在职业经理人承担风险和失败后果不足的问题，所以需要建立一个共担的制度，让职业经理人与股东真正共同分担风险和承受失败的后果，也就是说，让企业的管理者变成比股东更劣后的收益分配人。事实上，很多公司在推行事业合伙人制的时候，秉承的依然是上下级的职能运行体系，并没有真正建立起事业合伙人的机制。

而事业合伙人制是企业为适应知识经济时代的发展要求，真正激发知识资本的创造力而设计的一种内部制度安排。它不同于法律意义上的合伙人，是在不改变公司法律性质的情况下，通过价值共创、风险共担、收益共享所形成的命运共同体、事业共同体和利益共同体，并据此引导员工建立文化认同、企业忠诚、创业激情、工作热情，进而实现公司业绩和个人收益的增长。

所以，合伙人制度和单纯的股权激励最大的区别在于：单纯的股权激励，目的仅仅是激励和约束，不存在风险共担的问题；而事业合伙人制度的核心则恰恰在于共担风险，荣辱与共。

合伙人强调的是企业家精神，这也说明了合伙人的要求更高。什么是企业家精神？核心是思公司之所思，想公司之所想，是能担起公司责任的。这才是合伙人制度的核心价值，也是单纯的股权激励制度所欠缺的。

其实股权激励和合伙人制度有很多方面是重合的、相通的。比如，公司给员工一部分的股权，那他既然成为公司的股东，就愿意和公司共进退、共同成长，而合伙人制度也是在强调怎么让员工和企业捆绑在一起，成为一体。只不过两者的侧重点有一些区别，所以就看企业更看重哪个方面，或者是愿意把多大的权利给员工，让他成为合伙人。

第6节　合伙模式的选择

合伙制也是一种人才激励的方式，我在前面的章节讲过日本的阿米巴，阿米巴对激励并不是特别主张物质奖励。一个对公司有贡献的人，更加主张采取荣誉的方式予以鼓励。

所以，合伙人制度就受到了推崇。股权激励是合伙人制度的核心激励措施，但两者存在很大的不同。股权激励有十几种模式，合伙人制度同样也存在不同模式的选择。

一、第一种模式：事业合伙人

事业合伙人是合伙制度最主要的模式，也是最具创业情怀的合伙人制度，是指企业内部具有相同理念，能与企业共同成长、共同承担风险与收益，且有持续贡献的人才（如高管、核心员工），通过股权激励，其主要目的是让他们发展成为企业的登记股东（也有的只享有分红权），这类合伙人能与企业合智合力，与企业共进退，我们一般称为事业合伙人。

事业合伙人制度中有一种方式叫项目跟投。公司为了提高项目成功的概率，采用项目跟投机制，每个员工都可以投。跟投也有运气成分，但更多的是靠团队、靠努力、靠实力，最著名的就是万科的项目跟投。公司管理层和项目管理人员强制跟投，总的跟投比例不超过3%，没有钱可以找公司帮助解决，其他的普通员工和供应商都可跟投。这样一来，费用减少了，效率提高了，矛盾自己也解决了。

二、第二种模式：股东合伙人

股东合伙人是在工商局登记注册的股东，是企业的最终所有者，也是我们前面提到的持股股东或注册股东，是最紧密的合伙人。一般是指公司成立的时候一起创业的股东，比如说小米的八大金刚、腾讯五虎，等等。

三、第三种模式：生态链合伙人

把公司生态链中的供应商、经销商、资源供应者甚至客户等发展成合伙人，合伙人一般不参与企业的内部管理，以股权比例的多少来划分利益。股东合伙人、事业合伙人属于公司的内部合伙人，而生态链合伙人属于外部合伙人。

案例6

2013年年底，某手机公司正式启动生态链计划，采用“投资+孵化”的模式积极扩张产品线。以手机为核心，将各种产品渗透到用户家庭中。公司生态链要将手机模式切入各个细分领域，把手机公司从一只大船变成完整的舰队。

公司生态链里的企业不是手机的部门，也不是子公司，都是独立的公司。公司进行投资而不控股，为这些企业输出理念，提供支持，共同定义、主导设计和开发产品等。

公司生态链的布局是以手机为核心，围绕各种智能生活的场景展开。生态链企业推出的产品主要分为手机周边、智能硬件、生活方式几个方面。截至2020年，公司投资的生态链公司已经超过300家，投资生态链公司采用的是直接股权投资，参股但不对其控股，以保持团队的战斗力和创新性。实际控制人都是持大股的，手机公司一般多的持百分之二三十的股份，少的只有几个点。这样做的好处在于，生态链的创始团队仍能保持活力和积极性。如果生态链企业发展得好了，比如华米科技上市了，生态链的创始团队受益是最大的。反之，如果没做起来，创始团队的损失也是最大的。

另外，手机公司所有生态链企业员工利益高度一致，因为他们都在同一个持股平台上持股，共同面对市场和风险。公司生态链企业里创业的很多人，都有技术、执行力，也有很强烈的意愿想要创出一番事业。但初创公司刚起步最艰难的是品牌背书、市场销售渠道、供应链议价能力、资金等，要发展壮大很难、风险也很大。

手机公司与生态链企业刚好可以互补，进而实现共赢。公司通过统一的基础设施和生态资源为生态链企业赋能，让整个生态链共享技术构架、用户体系、零售渠道。这样手机公司就能继续保持轻资产、低成本、高效率运营，避免出现“大公司病”，又能快速抢占物联网市场。

此外，生态链企业通过持续推出有创意、有设计感的好产品发售，可以保持该手机公司或该手机公司品牌的持股高热度、高曝光度，反过来也促进了该手机公司的品牌生长。生态链企业通过多元化的产品，可以多场景、多维度获得用户的数据（身体健康、饮食习惯、耗材使用频率、睡眠时间等），这些数据又可以协同分析，用来指导、研发其他的产品，形成更大的协作网络。

生态链有该手机公司提供背书、销售、产品、供应链等支持发展迅猛；该手机公司有生态链的存在大大增加了想象空间，提升了公司估值，二者的紧密结合可谓天作之合。该手机公司生态链不是要成为参天大树、开枝散叶，而是要成为一片竹林。该手机公司提供竹林需要的庞大根系，生态链团队是一个个特种部队，市场就是一场大雨滋养整个竹林。

第7节　合伙人的股权分配

合伙人之间股权如何分配的问题，主要涉及股权比例、持股方式和大家最关心的股权定价的问题。先说合伙人如何确定股权比例。

几个关系不错的朋友、同学一起合伙开公司，大家的背景差不多，每个人的分工不同，但工作的职责和重要性没有本质的区别，很容易形成一种平分股权的结构。表面上看是大家一视同仁，不分彼此，其实存在巨大的隐患。这是一种最差的股权比例，很多企业都死在这种股权比例上。

很多初创公司经常会遇到股权均分的情况，常见的股权平分比例有50∶50，51∶49，40∶30∶30，33∶33∶34，25∶25∶25∶25等，这样的股权分配在吸引外部投资时会遇到很大的困难，原因是在这个团队中看不到“领袖”。对一个初创公司而言，团队领袖是非常重要的角色，往往一个好的团队领袖才能带领创业公司走过生存期。公司真正能发展壮大的，一定要有带头人，不论是内部合伙人还是外部投资人，他们之所以愿意合伙干，愿意投资，都是因为出于对企业带头人的欣赏和认可。

企业处于初创期，合伙人的股权比例要做到可收可放，可进可退，企业的创始人或者领袖要拥有67%以上的股权比例。创始人不仅要有防御权，还要有进攻权。在企业运营的过程中，涉及命运前途的大事，比如兼并重组、修改章程，需要带头人拍板，避免扯皮，耽误最佳时机。

企业处于成长期，股权结构设计要做到管理统筹，创始人拥有52%的股权比例最好，这主要是为上市考虑的。如果企业想上市，创始人股权要进行多次稀释。前两次引入风险投资，两次风投一般会释放35%以内的股权。这35%的股权一般是通过增资扩股的形式实现，创始人的股权也会被稀释。

扩张期，股权结构设计要做到防御性统筹，创始人拥有1/3以上的股权。就像上面说到的，企业经过两次融资进行扩张后，创始人要保留企业的控制权，就要持有1/3以上的股权，对合并重组、修改章程等重大事项可以一票否决。

成熟期，要考虑股权的多轮融资，在未来股权结构上应该再灵活一些。企业发展到成熟期，在招兵买马、扩大市场份额、引进融资、上市过程中，会遇到股权多次稀释的问题，创始人持有的股权很少能在20%以上。

合伙创业一定要有大股东，大股东要有控股权。公司在上市前持股比例的分配主要是在大股东、合伙人、核心员工和投资人之间进行。股权比例是大股东一般在40%~60%；合伙人一般在10%~20%；投资人一般以15%~30%为宜；核心员工的一般5在%~10%即可。关于具体股权的分配比例，每家公司都不一样，也没有绝对统一的标准，我们建议的分配比例是根据案例统计出来的，仅作为参考和指导。

股权比例确定了，就要具体到持股方式，也就是说合伙人以什么方式持有公司股权比较适宜呢?

合伙人包括被激励的员工持有公司股权的方式主要有这么几种：合伙人直接持股；成立有限责任公司作为持股平台间接持股；成立有限合伙企业作为持股平台间接持股。

合伙人个人直接持股方式下，会成为注册股东，同创始股东一样享有股东的权利和义务。通过有限合伙企业或有限公司作为持股平台进行间接持股，不直接享有股东的权利和义务。

从创始人对公司控制权和规避法律风险的角度来讲，持股平台会比个人持股更有利；而从税负的角度来讲，个人持股的税负最低。这方面的内容比较复杂，我以后会详细讲述。

下面，我们来讲一下大家最关心的合伙人取得公司股权如何定价的问题。

合伙人取得公司股权，通常是要付钱购买，价格的高低直接影响合伙人的积极性和现有股东的利益。对于上市公司来说，由于市场已经有了股票价格，确定取得股票的价格相对来说比较容易。而对于非上市公司来说，由于股权价格的确定没有相应的股票市场价格作为定价基础，难度比上市公司要大得多。这里我们就主要讲非上市公司合伙人股权价格确定的几种比较常用的方式。

一、资产价值评估定价法

首先对公司的每项资产进行评估，得出各项资产的市场价值，然后将各类资产的价值汇总，得出公司的总资产价值，再减去各类负债的市场价值总和，就得出公司股权的价值。其次设定公司总股本，用公司股权价值除以公司总股本，就得到每股的价格。

资产价值评估定价法中运用得最多的定价方案叫净资产定价法，这是最简单的方法。首先算出公司的净资产，然后设定公司的总股本，用净资产除以总股本，就得到公司的股份价格。可以根据公司财务报表中的净资产值、公司上年度审计净资产值、公司最近一期经评估的净资产值等作为标准，得到一个总净资产估值并除以总股本数量，即可以得到每股净资产的价格作为每股股权的获取价格。比如，公司净资产为1000万元，设定总股本为1000万股，那么公司每股的价格就是1元。

这种方法比较简单，但是相对粗糙了一些。由于简单、直观、易于理解，因此净资产定价法是我国非上市公司中运用得比较多的一种定价方式。

二、注册资本金定价法

如果注册资本金和净资产相差不大，可以以注册资本金为基准来确定股权的价格。其中，最简单的定价方式就是按照注册资本金的数额确定股份数额，直接将每股股份的获取价格设置为1元。对于企业的净资产与注册资本金相差比较大的情况下，就需要以净资产作为基础来确定股权的价格。

案例7

某房产公司注册资本为3800万元，股份总额为3800万元。经过审计，截至2020年6月30日，企业净资产为7600万元。企业决定对团队骨干实行股权激励，由于企业净资产明显大于注册资本，公司决定以企业净资产为基准确定授予价格。也就是每股2元。

还可以根据公司实际的经营情况，在注册资本金或者每股净资产的基础上，以公司老板和员工各自承受能力为原则设置一个合适的折扣来设计股权的价格。

三、市场评估定价法

这种方法实际上是相对业绩评价在股权定价过程中的应用，主要思想是在定价过程中，一定要找几家同行业具有可比性的上市公司进行比较，从而算出本公司的股份价格。相对其他方法来说，这种方法更加客观和准确。

首先，确定几家规模发展差不多的上市公司作为参照公司。其次，根据参照公司的净利润、净资产和现金流量等作为估价指标，算出这些指标与参照公司价值的比例；然后算出这几家公司的平均股价，再根据本公司的相同估价指标判断出公司的价值。最后，设置股本总价值除以股份数量就得到公司每股的价格。

四、资本市场估值定价法

企业如果通过资本市场引进过风险投资，股份价格应当以企业最近一次风险投资进入时每股价格为基准，另外再给予适度折扣作为合伙人取得股权价格。

中小企业确定的股权价格最好在净资产价值与最近一次风险投资进入时的每股价格之间，如果资本市场给股权的估价高于其净资产的2倍，这时用股权最近一次融资的价格为基础再打5折左右比较合适。

案例8

教育公司连续亏损多年，净资产额低于注册资本金，但业务发展蒸蒸日上，不断用股权融资，并且估值是净资产的6倍多。建议企业选择股权估值的50%作为合伙人取得股权的价格。这样合伙人能清楚地知道激励股权的优惠力度，容易产生较强的获得感，激励效果会比较好。

五、市盈率定价法

这种方法是模拟公司上市时的定价方法，即市盈率与预测的每股收益相乘，结果就是该公司的股份价格。具体表述是：每股的价格=每股收益 × 市盈率。

先计算公司的总收益，设置总股本，总收益除以总股本就是每股收益。而市盈率是公司市值除以净利润的比率，可以参考同类公司上市时的市盈率。这种方法适用规模比较广，有可以作为参照公司的同行业上市公司的情况。

取得股权的价格是合伙人实际购买股权的价格。标价只是一个参考，实际成交时不一定会以标价成交，通常会有折价，也就是在公司估值除以总股本后的价格基础上做适当的浮动。

合伙人制度要求企业与合伙人有共同的事业与理想，每个人虽然有能力上的优势、劣势，但企业所谋求的是取长补短，形成整体优势。无论是股权激励还是合伙人制，共有特点是利益共享。但合伙人制不仅仅止步于利益共享，它完整的思想是，要建立“共识、共创、共担、共享”的企业文化。而这其中，“共享”就是本文讲述的合伙人股权分配的问题。

关于合伙人股权的定价，美国非上市公司通常的做法是首先对企业价值进行专业评估，以确定企业每股的内在价值；然后以此作为股权激励行权价和出售价的基础。而我国一些非上市公司，在实施股权激励时，行权价与出售价的确定一般以每股净资产值为主要甚至唯一的依据。行权价格与股票市场价格之间的差价是股权激励制度的关键所在，关系到整个股权激励计划的成败。

那么，给股权定价要考虑哪些因素呢？

一是公司性质及发展阶段。对于不同发展阶段的公司，定价方式完全不同，主要是因为不同阶段的公司经营风险强弱的问题。

对于初创期公司实施股权激励，给到员工的价格通常按照注册资本或初始投入进行定价，主要是因为未来公司的不确定性较大。而对于处于成长期的公司，其已经有稳定的发展道路，这时实施股权激励定价通常按照净资产进行确定；如果公司已经引入外部投资人，其授予员工股权的价格还需要考虑外部投资人的意见。

二是考虑员工收入水平，即出资能力。员工的出资能力是员工参与的先决条件，但并不是最关键的因素。如果现状是员工整体出资能力较低，那我们定价是不是也要降低呢？其实也不是，如果单纯是员工的出资能力问题，可以从员工的出资方式进行设计，如股东提供借款、分期付款等方式。往往在实践过程中，员工的资金问题是很小的一方面，员工对于企业发展的信心才是是否参与股权激励计划的根本。

三是员工入股后投资收益。员工参与股权激励，最直接影响员工参与意愿的是其收益。对员工而言，收益太低，影响员工的参与意愿；对公司而言，给员工的收益太高，则会有过度激励的问题。

在实际操作中，我们对股权进行定价时需要注意以下几个问题。

一是员工对公司股权的价值判断。有些公司的股东认为公司的未来发展非常稳健、预期利益容易实现，因此希望能以更高的价格向被激励员工授予股权；而被激励员工认为激励价格过高，股东诚意不足，不愿意购买激励股权。

二是不建议无偿赠与。无偿赠与员工股权，在实践中通常不建议采用。原因有二。其一，从法律风险上看，因为无偿赠与员工股权，如果在协议上未明确清楚，容易留下隐患，最后甚至闹出法律纠纷；其二，从人性角度出发，免费赠与会让人有一种潜意识，觉得这本身就不值钱，不会去珍惜。人们对于免费得到的短期会有感激心理，但是随着时间的推移这种感激会逐渐消失，从而失去激励的效果。所以，林冲上梁山还要投名状，员工花钱购买公司股权也代表着一种诚意，是一种甄选人的过程。

三是同一批次股权激励价格应一致。同一批实施股权激励的授予价格应该同股同价。曾经有企业尝试针对不同层级的激励对象按照不同的价格授予股票，在方案沟通环节，激励对象则纷纷质疑方案的公平性。

如果公司想加强对级别高的员工进行激励，建议不要从价格上和其他员工进行区别开来，可以从数量上做出区分。级别越高，授予的数量越高，亦同样可实现激励效果。从人性的角度来看，人对于价格的关注要远远高于对数量的关注。

四是公司如无亏损，后续实施股权激励的价格要比前一批的高。公司在正常发展的过程中，公司的规模、盈利能力、净资产会不断提升，公司的估值也同样会提升。如企业有净资产增值（企业盈利或外部投资），企业股票存在增值收益，为体现对现有股东的公平，后续授予股份的价格应该比前面批次授予股份的价格高。

第8节　合伙人冲突的处理

有人说找合伙人就和找老婆一样，你必须要精挑细选，仔细考察。终于找到一位自己心仪的夫人，但锅碗终究会碰到瓢盆，再满意的爱人，也会产生矛盾，产生冲突，合伙人也一样。找到了合适的合伙人，如何解决冲突，就是我们要分享的内容。

合伙创业本身就具有风险，加之合伙人之间的性格和价值观不同，出现矛盾也在所难免。天下没有不散的宴席，昔日情同手足的伙伴也会有分道扬镳的时候，因此，合伙需谨慎。在出现矛盾、出现冲突的时候，一定要“对症下药”，只有掌握处理矛盾的技巧，才能促进合伙企业更好地发展。

合伙人之间的冲突，从大的方面来讲，主要包括两个方面：第一是经营理念的冲突，也就是因对公司长远的决策方面意见不一致而产生冲突；第二是利益分配产生的冲突，大家一起合伙开公司做企业，一般的目的都是获取利益，对于利益的分配，如果没有约定得很清楚，也会产生冲突。

关于经营理念、经营决策方面的冲突，核心的思想是意见不一致的时候，一定要多听多想。

案例9

2017年3月，公司A、公司B和公司C宣布启动合作计划，准备2019年正式推出合作研发的汽车。公布合作3个月以后，公司A和公司B两家公司在汽车平台和商业前景等方面产生了很大分歧。原计划研发的汽车应具有价格优势，但公司B的研发耗资过高。经过讨论，两家公司并不看好此次合作的商业前景。于是，公司A和公司B又发布消息，称双方的合作已和平终结。

在这个案例中，公司A和公司B的合作流产导致之后的一系列合作受阻，这对双方来说都是一种损失。正所谓“道不同，不相为谋”，无论是成熟企业还是初创企业，出现意见分歧都是很正常的现象。

如果企业内部出现意见分歧，就必须及时寻找解决方案，具体可以从以下3个方面着手。

第一沟通是基础。当合伙人之间出现意见不一致的情况，心平气和地沟通是最好的解决办法。如果合伙人之间还有合作的必要性，那么双方必须做出妥协，否则会因为合伙人之间争执不休而影响企业的正常运营。

第二引入第三方。合伙人的意见如果能够达成一致，很多事情处理起来就会很容易，如果协商后仍然无法达成一致，可以选择一位经验丰富、能够得到大家认可并具有一定话语权的人来充当中间人。第三方的加入并不意味着企业事务由他一人裁断，引入第三方只是为了化解合伙人之间的矛盾，这是维护所有合伙人切身利益的一种有效方法。

谷歌公司在拉里·佩奇、谢尔盖·布林和埃里克·施密特三人的共同管理下，获得了极大的成功，公司在作出任何重大决策之前，三人必须达成一致。但创始人之间也会因为某些决策而发生争执。为了缓和这种紧张的关系，公司的风投代表请来了比尔·坎贝尔。经验丰富、情商极高的坎贝尔，获得了谷歌公司高层领导人的信任，成了谷歌公司三位领导人之间的“润滑剂”，当三人意见不一致时，比尔·坎贝尔就会从中调解，他缓和了三位领导人之间的关系，增进了三人之间的感情。

第三换位思考，顾全大局。在合伙创业的过程中，所有合伙人一定要顾全大局，一切以企业的利益为重。合伙人只有抛开个人利益认真分析每一个决策，才能作出对企业发展最有利的决策，从而促进企业的发展。

合伙人之间达成合作，本身就是一种能力互补。当发生意见不一致的情况时，每位合伙人不仅要基于自己所长来分析问题，也要学会换位思考，要站到对方的角度思考问题，真正做到彼此理解，这样才能作出对企业最有利的决策。

当合伙人之间出现经营理念分歧时，能通过协商解决问题是最好的。但有时候协商并不能解决合伙人之间根本的矛盾，这时候散伙恐怕才是更好的选择。

而如果合伙人之间因为利益分配产生冲突，就需要慎重处理。“分蛋糕”也是一门学问。很少有创业者可以包揽一切，因此他们必须将部分事务交给合伙人，还要进行合理的利益分配，也就是所谓的“分蛋糕”，这是一件复杂而且重要的事情，十分考验创业者的能力。

在创业初期，“蛋糕”只是一个想法，毫无价值可言，只有让蛋糕成型并不断做大，才能产生价值。让初创企业发展壮大是所有合伙人的共同目标，即使过程艰难，大家也不会计较得失。但是在企业步入正轨后，利益分配的问题就会随之而来。创业者要掌握“分蛋糕”的技巧，这样才能维护团队的团结，保证企业的稳定发展。

一是建立合理的利益分配机制。做好利益分配最有效的办法就是制定明确的制度。缺乏经验的创业者，往往没有以书面的形式落实利益分配机制，而只是以口头约定的方式与合伙人达成共识，这样做存在一定的隐患。

二是针对不同的人采用不同的利益分配方式。在建立合理的利益分配机制之前，创业者要先明确企业的分配对象。按劳分配是主要的分配原则，除了按劳分配之外，还有按资分配，也就是根据合伙人投入的资金进行利益分配。

在进行利益分配时，创业者不仅要考虑自己的利益，也要考虑其他合伙人的利益。企业应该根据合伙人的工作岗位、职务以及对企业的贡献大小采用不同的薪酬模式和股权分配方案。

三是合理分配股权。每家企业都需要一位核心领导者，一位领袖，他不仅要承担更多的风险和责任，还要花费更多的时间在企业的运营和管理上。因此核心领导者拥有的权利、股权往往多于其他合伙人。

一股独大的企业在世界各地都普遍存在，证明这种资本结构本身并不存在问题。但在实际运作过程中，一股独大往往变成了一人独大，企业完全由某个人说了算，这就破坏了公平和公正的原则，使团队中的其他成员失去工作积极性。因此，合理分配利益的关键在于平衡各合伙人之间的利益。

案例10

电子公司于1992年上市。李甲是该企业第一大股东。2015年公司部分中小股东要求重新选举董事。

股东们认为，李甲对竞争激烈的家电行业关注度不够，甚至在公司业绩和行业地位双双下滑的时候，没能及时采取有效的应对措施，直接导致公司陷入危机。中小股东对大股东李甲的不满早有预兆，而造成这种局面的主要原因是李甲一股独大，中小股东提出议案是希望新董事的产生，能够帮助公司渡过危机。

无论选择什么样的利益分配方式，平衡各合伙人之间的利益才是最重要的。

四是权力也是利益的一部分。在合伙企业步入正轨后，合伙人渴望得到的就不仅是金钱和股权了，还会产生对权力的诉求。合伙人拥有的权力以及在企业中所处的位置直接体现其在企业中的影响力和价值。所以，在进行利益分配时，创始人除了要确保经济利益的分配相对公平以外，也要做到权力分配相对公平。

很多合伙创业的人常常会被问到，谁是你们公司的“老大”？我们经常听到的一种回答就是我们不分“老大”“老二”，或者是我们没有明确的“老大”，这样的企业显然内部结构十分混乱。

合伙创业应该按照对企业贡献的大小进行等级划分，一分耕耘一分收获，谁对企业的贡献大，谁拥有的权利就越多，享受的待遇就越好。那么，创始人如何才能正确衡量各合伙人对企业的贡献大小呢？

一是合伙人的角色分配。选好合伙人之后，创始人应该优先考虑人员分配问题，每家企业都存在三个重要的角色：团队管理人员、产品技术人员和业务运营人员。从总体上来说，这三类人员对企业的贡献很难分出大小，但由于每家企业所处的领域不同，因此各家企业的业务侧重点也会不同。

当合伙人之间因为对企业贡献大小认知不同而产生矛盾时，创始人要根据各合伙人在企业中扮演的角色以及企业的业务侧重点这两个方面来进行判定。

二是贡献大小的衡量指标。如果无法判断谁对企业的贡献更大，可以事先制定相关的衡量指标，避免合伙人之间产生冲突。

衡量合伙人贡献大小需要考虑以下几个问题：谁提出的战略让企业得到了进一步发展？谁找到了重要的投资人？谁提供了项目启动资金？谁提供了产品构思？将这些问题一一列举出来，再赋予每个问题一定的分值，最后计算出总分值得分最高的人，就是对企业贡献最大的。这种判定方法更具有说服力。

三是宽容与理解。在合伙创业的过程中，有很多贡献是无法衡量的，这时合伙人之间彼此的宽容和理解才是解决矛盾的最佳方法。

合伙创业是一个相互磨合、相互信任的过程，既然选定了合伙人，为了企业的发展，信任合伙人才是正确的做法。如果有的合伙人做出了过分的行为，其他合伙人一定要及时采取措施保障自己的合法利益，毕竟宽容和理解是相互的。

避免因利益分配产生冲突的最后一个方面，要事先约定好退出机制。

夫妻有可能离婚，再亲密的合伙人也可能分开。很多合伙人可以做到好聚，但不能做到好散，由此产生很多冲突，所以事先约定好退出机制是至关重要的。在实务操作中，合伙人退出的方式主要包括：回购退出、转让退出、上市退出、并购退出、考核退出、破产退出，等等。

我们主要说说回购退出。如果合伙人在公司有职务，不管出于何种原因离职，一般情况下股权都要回购。回购的价格可以按照合伙人出资价格进行溢价或折价，也可以按照公司净资产价格回购；如果有融资的，按照最近一轮融资估值价格的一定折扣价回购也是一种方式。

违纪退出的，可以约定回购的价格计算方式。对于某些严重违纪行为，可以约定1元甚至0元回购。如果合伙人身故的，因股东资格的继承会给企业带来不便和隐患，可以约定一旦合伙人去世，他的继承人只能继承股权财产，而不能继承股东权利。

总而言之，企业要提前做好退伙机制的说明，让合伙人在刚入伙时就明白退伙的机制和回购股权方式与原则。这样，合伙人在合伙过程中才会真正放开手脚大干一场，即便是遇到退伙时，公司也能有效合理处理，避免不必要的冲突。

合伙人产生冲突，最根本的解决方法就是合伙人之间要建立信任关系。那么合伙人之间如何建立信任关系呢?

第一，要制定完善的管理制度，大家共同遵守，让公司在阳光下运营，在不影响公司正常运营的前提下，可以对制度进行适当的调整，从而实现制度管人。

第二，寻找合伙人要谨慎。我之前说过找合伙人就像找老婆，在寻找合伙人时，要从企业的整体利益出发，只在乎个人利益而不在乎企业利益的合伙人是不能合作的。

第三，合伙人之间要相互理解、包容、支持、信任，只有如此，产生冲突时才能通过协商解决问题。

第9节　合伙人的风险防范

从公司初创到IPO上市，合伙的风险伴随始终。公司所处阶段不同，风险也不同，初创期的风险最大，快速发展期的风险在于合伙制度，静态设计不能帮助企业业绩快速提升，同时也容易出现公司控制权丧失的风险。

案例11

在《鹖冠子》中记载了扁鹊的一个故事。扁鹊的哥哥最善于治未病，就是在病还没有发作之前就把它治好了，而扁鹊善于在病很严重的时候进行医治，虽然名气很大，但属于事后补救。

扁鹊的哥哥虽然名气没有扁鹊大，但对于病人来说，却也是很好的医生。墨菲定律告诉我们，如果事情有变坏的可能，不管这种可能性有多小，它总会发生。所谓预则立，不预则废，我们对合伙人的风险要提前预防。

一、来自人的风险

对内要仔细考察合伙人人品。合伙人的人品决定了他会不会损害公司利益，会不会在不经意间给公司带来损失。下面我们来看一个因为没有仔细了解和考察合伙人的人品，而遭遇内部合伙人算计的案例。

案例12

甲和乙是合伙人关系，两人联手将公司慢慢做大，当时甲是公司最大的股东，因此公司内很多事都由甲说了算。5年之后公司步入正轨，但是在销售方面却仍然有待提高，公司急需开展新业务，于是甲认为应该再找一个销售方面的合伙人。他非常看好乙之前的一个同事丙，他认为丙在销售方面业务能力很强，而且丙有很多朋友专门从事这方面的工作，对甲来说，如果让丙成为合伙人，那么在销售上也就有了资源和渠道。

甲和乙进行商量，遭到乙的坚决反对。乙认为丙不靠谱，心机很重，非常喜欢算计别人。然而此时的甲却不听乙的劝告，由于自己占股较大，于是强行让丙入伙成为新的合伙人。

丙加入公司之后，的确把销售业绩提高了很多。但是在过去的一段时间内，丙却将这家公司所有其他的销售员全部找借口辞掉，重新招聘了新人。让乙感到气愤的是，丙招纳的销售部门的人都是丙的朋友，公司的销售和客户都落到了丙的手中。又过了一段时间，销售部的利润并没有上升，而且销售部的订单也都由丙一人来管理。最终公司财务出现很大漏洞，这时候丙主动退出，这家公司因丙的参与而面临破产。

可以说一个合伙人的人品在很大程度上决定公司是否可能遭遇内部算计。如果人品不好，就是公司的一颗定时“炸弹”。因此在选择合伙人上，一定要擦亮双眼，注意和观察合伙人的人品。可以先考察一段时间，再决定是否纳入合伙人行列。即便是纳入合伙人行列，也必须要在细节上继续观察和监督，做好监管工作。此外，企业还可以在合伙协议中加入合伙人违规的惩罚原则，这样也能在很大程度上规避风险。

合伙人除了要预防内部算计之外，还要预防外部算计。面对外部的压力和风险，企业要想从容应对，合伙人必须要团结一致，形成坚强的整体。俗话说“家和万事兴”，一个公司也是如此，这个内部合伙人团结一致，外部的力量才无法入侵。

二、来自税的风险

我们说几种比较常见的税务风险。第一，来自股东借款的个人所得税风险。来看个案例。

案例13

2015年3月，江苏省宿迁市税务局对某化工公司2014年度的纳税情况进行全面检查，发现企业有笔股东借款74万元，一直挂账到年底都没有归还。经调查核实，股东借款用于支付子女出国留学费用，最后税务局认定股东的74万元为分红，按照利息股息红利所得代扣个人所得税14.8万元，对公司处以未代扣代缴税款50%的罚款，共计7.4万元。

所以，股东向企业借款，在纳税年度终了时一定要归还，也就是要在12月31日前归还。如果没有归还，按照20%征收个人所得税，企业还会被处以罚款。

第二，来自股权转让中的税务风险。

案例14

某汽车配件公司于2018年成立，注册资金是1000万元，由甲、乙两个股东构成，占股比例分别是75%和25%。2019年3月，甲股东将他所持有的50%的股权转让给A公司，股权转让金额为500万元，但没有依法缴纳个人所得税。对此，甲股东认为自己以平价方式转让了50%的股权，在转让过程中没有实现增值，不需要缴纳个人所得税。

税务局稽查认为，甲股东股权转让收入明显偏低，没有正当理由，股权转让价格低于相对应的净资产份额，应依法缴纳个人所得税。经第三方审计后，汽车配件公司的净资产为2550万元，甲共转让50%股权应缴纳个人所得税155万元。

合伙人一般都会持有公司股权。在退出的时候会把股权转让，如果转让价格明显低于公司净资产，就会涉及补交个人所得税的风险。

第三，来自静态设计的风险。合伙人做股权设计，设计完以后，就认为一劳永逸，就再也不变化了。俗话说，“流水不腐，户枢不蠹”。要让合伙制度在流动中产生价值，否则容易导致“搭便车”的现象。而所谓的动态合伙，就是根据各合伙人对公司的实际贡献重新对分红权或股权进行分配。

合伙人进行股权设计的时候，可以将股权区分为资金股和人力股，假设资金股占全部股权的70%，人力股占30%。各个合伙人按照出资情况分配了70%的资金股以后，就要按照合伙人对公司参与程度和贡献的大小来分享30%的人力股。而人力股每年都是进行变动的，对公司的贡献越大，他获得人力股的比例越高。通过动态的调整，激发合伙人的潜能，也让合伙人的付出能够得到对应的回报。

第四，来自公司章程和股东协议的风险。现在公司成立都很不重视公司章程和股东协议，特别是章程。因为工商局对公司章程内容有要求，不能做大的改动，所以很多企业在成立公司的时候，就忽略了章程的重要性。其实，章程包括股东协议都是对公司法的补充。现在的公司法给予公司极大的自治权，公司的很多管理需要通过章程、股东协议来约定。比如，股东会的表决程序：像有限责任公司，除了重大事项，对于一般事项的表决，公司法中并没有明确的规定，要通过章程和股东协议来确定。又如，公司章程可以排除股东资格的继承，可以做到分红比例和股权比例不一致这样的约定。

案例15

2016年8月1日，某网约车公司宣布与甲公司全球达成战略协议，某网约车公司将并购甲公司中国的品牌、业务、数据等全部资产。甲公司中国将保持品牌和运营的独立性，双方团队将在用户资源线上线下运营和营销推广等方面共享资源协同发展。

双方达成战略协议后，某网约车公司和甲公司全球将相互持股成为对方的股东。甲公司全球将持有某网约车公司5.89%的股权，但可以享有相当于17.7%的经济利益。这就是通过股东协议进行约定的。

根据《公司法》的规定，公司章程还可以作出单独规定的有如下几个方面：表决权可以和出资比例不一致；对公司董监高转让本公司股份的限制可以作出其他规定；全体股东一致同意的，可以以书面形式行使股东会职权；股东会的议事方式和表决程序可以自行约定，但重大事项的表决除外。

第五，来自架空的风险。从资本的视角来看，公司的股权就是商品，如果强强合并就能给这个商品带来无限的空间，可以促进市值飙升并影响投资人对公司的控制。企业的并购重组以及创始人去留的问题，尤其是在互联网行业中随时上演。

5

第五章

股权融资破局

第1节　股权融资破解企业困局

我见过很多创业公司散伙，那都是一本本的血泪史。90%以上的创业公司散伙的根本原因，只有一个，即公司不盈利、入不敷出、难以为继。要么是长期没有收入，要么是收入低于支出，这样下去公司现金储备就会用尽，一旦没有新的资金注入，那么等待创业公司的就只能是关门大吉，只是时间早晚的问题。缺钱是企业运营过程的主旋律，融资是企业老板任何时刻都不能放下的一项工作。

融资对于中小企业特别是初创企业来说，在以前是非常艰难的，因为你是中小企业，银行不敢给你贷款，担心发生风险。但自从有了股权融资这个工具以后，这种情况就有了根本改变。

对于初创企业来说，上市还显得很遥远，但融资却是当下最需要解决的事情，缺钱是创业公司的常态。因此，创业通常需要融资，需要借助外部资本的力量。我们看到成功的创业者大多都善于融资，但更多的创业者在资本市场上举步维艰，根源在于创业者对融资的本质及其核心逻辑缺乏足够清醒的理解和认识，因此无法同投资方进行有效接洽、谈判，更无法达成投资的共识。

融资之前需要做很多准备，然后才是找投资人。如果能说服投资人给你投钱，那么融资基本上就不成问题了。说起来简单，事实上融资的过程却是复杂又艰难的。

融资，从本质上讲就是以出让股权的形式出售企业的一部分。而投资者则是来买企业的部分所有权，而不是买企业的产品和服务，他们最关心的是企业价值和长远价值，而不是产品价值和当前价值。

对于融资，创业者面对的首要问题就是到底什么时候是最合适的融资时机。你一定要在你很赚钱的时候去融资，在你不需要钱的时候去融资，要在阳光灿烂的日子修理屋顶，而不是等到需要钱的时候再去融资，到那时你就麻烦了。在你不需要钱的时候去融资，这就是融资的最佳时间。所以说在公司还撑得下去的时候，你就应当着手准备融资事项了。

中小企业进行融资主要有债权融资和股权融资两种方式。结合当前的这种政策环境和市场环境来看，股权融资是首先要考虑的方式。股权融资有以下几个方面的优势。

一是投资者在投资的同时可以在其他方面帮助企业成长。中小企业不仅可以依靠股权融资及时获得资金，而且可以得到投资者提供的各种专业化的管理支持，包括企业的发展战略、组织架构、管理团队、业务流程等方面，最终双方达成共赢的目的。正如硅谷的华人创业家陈五福所说：好的投资者会帮你一起种树、施肥、浇水、灭虫，所以他理所当然有资格分享果实。

二是促进技术创新。由于很多技术型企业，在技术创新前期需要投入大量资金，而且不能保证技术创新一定成功，存在很大的不确定性和风险，因此，科技企业不容易从银行等传统的金融机构获得资金。而股权投资者一般都具有比较强的风险识别能力和承受能力，股权投资可以覆盖风险比较高的项目，填补传统金融机构不愿意进入的一些投资领域。

举个例子，甲和乙共同投资100万元启动了一个项目，其中甲是大股东，乙是小股东。项目发展半年以后出现了资金短缺的问题，于是甲和乙共同引进了投资者丙，丙投资了30万元获得一定份额的股权。甲和乙是不需要归还这30万元的，而且丙还要和甲、乙共同承担项目后期发展的风险，当然也共同分享项目后期获得的利润。后来，因为资金到位，项目的技术开发非常顺利，就进入了C轮、D轮融资了。此时，投资者丙已经获利退出，换成了其他投资者进入。

三是优化资源配置。股权投资者为了确保投资得到回报，会对所投资企业所处的行业进行分析研究，同时通过对成熟企业的并购，将许多高效优质的行业资源和科学先进的组织模式带到企业，提升所投资企业的行业竞争力。

案例1

2013年年底，某手机公司正式启动生态链计划，采用“投资+孵化”的模式积极扩张产品线，以手机为核心，辅以周边的生态链企业，将各种产品渗透到用户家庭中。

该手机公司生态链里的企业都是独立的公司，投资生态链公司采用的是直接股权投资，参股但不对其控股，创始人都是控股的。这样做的一个最大好处在于，生态链的创始团队仍能保持活力和积极性，而不是被该手机公司收购了，该手机公司为这些企业输出产品方法论、价值观，并提供全方位支持，共同定义产品、主导设计、协助研发、背书供应链，等等。

四是可以拓宽融资渠道。一个完整的股权融资周期，包括企业在种子期、初创期、发展期、扩展期、成熟期和上市前期等各个时期所进行的融资活动，上市以后，企业也会有相应的融资需求。

某手机公司的融资史堪称独角兽之最：成立一年便成为独角兽，成立三年成为超级独角兽，也是世界500强中最年轻的公司。某手机公司上市前，基本保持了每年融资一次的节奏，这一方面体现了公司强劲的发展力度，另一方面也为公司后续发展提供了资金等方面的大力支持。

帮助中小企业走出融资难的困境，解决这些企业在发展过程中遇到的资金问题，对于想要融资的企业来说，需要把自身的商业模式处理清楚，并且让投资者看到项目的独特性和成长性。

股权融资相对于债权融资有很多的优势，但进行股权融资的时候也有一些原则性的问题，一定要考虑清楚。

原则一，融资的收益和风险要匹配。对企业而言，融资必定存在风险，因此企业在融资前需要考虑清楚，在既定的收益下，一旦这些风险发生，自己能否承受得住。不能为了拿到融资就一再降低企业的底线，以免最终出现不可收拾的局面。

原则二，融资规模不能一味求大。对于中小企业来说，确定融资额度是非常重要的。融资额度太大，有可能造成资金闲置浪费，增加融资成本，同时也可能导致企业负债过多甚至丧失过多股权；融资额度太小，有可能杯水车薪，对企业没有什么实质性帮助，影响企业发展以及业务展开。

原则三，控制融资成本。不管企业的融资资金来源于哪个机构，企业都要为资金的使用付出成本。因此，在融资之前，企业就要有融资成本的概念。融资成本包括融资费用和使用费用两种。融资费用是指企业在融资过程中产生的各种费用，如向中介支付的中介费等；使用费用是指企业向投资者支付的报酬，如在进行股权融资时向股东支付的股息、红利；在发行债券和借款时向债权人支付的利息；等等。

原则四，资本结构要合理。企业在融资时一定要把握好资本结构。虽然我们不能做到百分之百确定未来收益的现值，但是从原则环节来看，折现率是在充分考虑企业加权资本成本和筹资风险水平的基础上确定的。因此，如果资本结构合理，不但能提高融资效率，还能调节折现率。

对企业来说，融资的风险和收益并存，企业在考虑收益的时候也必须考虑风险，尽量让风险和收益达到平衡状态。只有在这种情况下，企业的价值才能达到最大。

原则五，设定融资期限。按照期限来划分，融资可分为短期融资和长期融资。企业要根据融资目的和融资成本等因素来决定是选择短期融资还是长期融资，如果是为长期的投资或购置固定资产而去融资，那么就适合选择长期融资；如果是为购置周转快、易变现、占用时间短的流动资产，那么就适合选择短期融资。

原则六，保持企业控制权。资本是一把“双刃剑”，使用得当可以助力企业快速发展，使用不当则会阻碍企业发展。很多企业的创始人之所以被踢出企业，都是因为在资本进入时没有妥善处理公司控制权的问题。

原则七，选择最适合自己的融资方式。不同的融资方式给企业带来的影响也是不同的。总体来说，融资通常会给企业带来几个方面的影响：如壮大企业实力、扩大市场份额、实现规模经济等。

原则八，抓住最佳融资时机。对企业内部来说，过早融资容易造成资金浪费，过晚融资会造成机会流失。而对企业外部来说，经济形势瞬息万变，这些变化会直接影响中小企业融资的难易程度。

股权融资对中小企业快速发展壮大的作用是至关重要的。而中小企业在融资的过程中，我刚才讲的八个原则性的问题，一定要重点关注，包括：融资的收益要和风险相匹配；融资规模不能一味求大；要控制融资成本；资本结构要合理；要设定融资的期限；保持企业的控制权；还要选择最适合自己的融资方式，最后一点是要抓住最佳的融资机会。

第2节　企业估值是融资的基础

股权融资的第一步是估值。一家公司在资本市场里的价格高低，取决于这家公司能给投资者带来多少回报。如果一家公司日后很有可能成长为一家伟大的企业，那么这家公司在资本市场就会有很高的估值。而估值往往是创业者在融资中最为纠结和关注的问题，因为估值与自身的利益息息相关。估值的高低直接决定了创业者可以出让股权的额度，或者能够融到资金的额度。

对估值的预期是创业者必须慎重思考的重要问题。否则，融资经验较少的创业者面对久经沙场的职业投资人，可能会非常被动。

很多企业创始人非常清楚自己公司每年有多少收入，多少利润，但真正有多少创始人知道自己公司在资本市场上会值多少呢？应该不太多。在公司的运营过程中，这其实也不是什么大问题，但在公司面对资本市场的时候，这个问题就会让创业者感到困惑了。

一些传统的企业家往往错误地认为，投资人一定会要求自己的公司要有多少固定资产，多少净资产，因此权衡公司是否有投资价值。按照他们的一般思维，将会计报表上的各项权益加总，然后得出公司的总价值，至多在净资产的基础上再加上一个溢价。

然而，对于很多初创公司，或者对于没有太多净资产的成熟企业来说，融资的时候常常会困惑：估值多少才会让投资人接受，而自己又不吃亏呢？

另外，有些早期公司可能已经投入了很多资金，但业务还没有开展起来，于是创业者便认为我的公司价值至少要比我已经投入的资金多。

资本市场上的投资人却不是这种思维。投资人并非单纯地购买公司的资产，也不是承担公司已经发生的成本。他们看中的是公司未来的盈利能力以及公司的成长空间。所以在投资人眼中，公司的价值绝不是简单的权益加总。

案例2

某游艇休闲俱乐部创立了1年左右，创始人已经投资了2亿元，并进行了一些前期规划、关系梳理、海域租赁等方面的工作。但是因为公司尚未发展会员，也就没有任何业务收入。那此时应如何进行估值呢？

一些常用的估值方法都不太适合这家公司。更重要的是公司前期已经投入了2亿元资金，如果估值少于这个金额，创始人绝对不会答应。我们的建议是，先按常规的估值方法做出一个估值，然后与投资人谈判，但是把已投入资金的2亿元作为底线。

其实，公司在跟风险投资人进行估值谈判的时候，完全可以撇去各种财务估值方法，先认真地自问，公司是不是一定需要风险投资人的资金？没有这笔资金公司就无法成长或者活下去吗？另外，还需要换位思考，风险投资人不投资你的公司是不是活不下去？他的资金是不是没有其他更好的公司可以投资了？

公司如果和风险投资人达成三五年的长期合作，那么即使在估值上有所让步，这点所谓的损失也是微乎其微的。因为风险投资人的资金以及其他增值服务，能帮公司把蛋糕做大。

对长期合作而言，投资协议上关于公司的经营管理方面的条款，可能对创业者来说更为重要，这些条款对公司未来价值的影响更为重大。为了这些在估值上做些让步是值得的。

公司估值看似深奥和神秘，实际上有时候这些估值方法很简单。它的一个基本前提就是“回报要求”。

投资公司通常用反推的方式，以“投资回报倍数”要求来估值。比如，风投公司对早期创业公司的回报要求是10倍、100倍；对成长期和成熟期公司的回报要求是5倍、10倍。10倍是不是看起来有一些暴利？并非如此。一家风投公司如果投资10家公司，一般的概率是4家公司会失败；3家公司打平或略有盈亏；2家公司获得2~5倍的回报；1家公司实现8~10倍的回报。

尽管风投公司希望其所投资的所有公司都能成为下一个腾讯。但是现实就是这么残酷，只有万分之一的机会才能投到这样赚100倍、1000倍的公司。现实中，风投公司通常要求在成功投资的公司赚10倍或者更多，来弥补其他失败的投资。

假设风投公司投资了一家早期公司，4年后，该公司以50亿元上市或者被并购，并且假设在此期间没有后续融资。运用10倍回报的原则，逆推风投公司对公司的投资后估值就是5亿元。

公司最终的估值除受预期回报倍数的影响外，也会受到投资人间竞争的影响。如果被投公司被很多投资人追捧，那么有些投资人可能会愿意降低自己的投资回报率，以高一点的价格拿下这个投资机会。

投融资双方在接触的时候，彼此已经对价格有了一个初步的判断。这个判断很可能来自行业经验，也可能来自非常简单的估算，一旦投资者有意向要投资，就会派出非常专业的尽职调查团队，通过调查企业的财务、团队，了解企业真正的运转情况。

当企业处于不同的发展阶段，由于经营状况、资产结构不同，估值方式和估值要点也是不同的。对初创期的企业来说，投资者重视的估值因素是人才市场、空间、市场占有率、客户和数据，当企业进入成长期和成熟期之后，估值要点变成了收入、净利润、业绩增速以及回报率。

企业估值一般分为企业处于天使轮阶段的估值、初创阶段的估值、成长阶段的估值和成熟阶段的估值。

一、天使轮阶段的估值

天使轮阶段的项目往往还处于构思组建尝试阶段，没有数据可供参考，很多因素都会导致项目估值的偏差比较大。投资者主要是凭借自身经验和对项目行业的了解做出估值。比如，当年刘强东只想融资250万美元，但是今日资本的徐新投了1000万美元，而且还领投了下一轮融资。可以说，正是徐新准确的判断，促进了京东的快速发展，也为今日资本带来了巨大的回报。

天使轮阶段的估值方法有以下几种：

1.股东和钱拆分开。比如，先计算好维持团队一段时间正常运营和发展需要的钱，包括可能需要的人员工资推广费、办公室租赁费等费用，然后除以创业者可以转让的股份比例，天使们一般是15%~20%的股权，简单得出当前的估值。

2.里程碑事件。这个方法是指根据公司发展到某个里程碑事件所需要的资金来确定项目估值，如做到某个规模的流量或者有了多少付费用户等。

3.类比法估值。这个方法指的是如果在行业中有对标的资源或者项目，可以按照对方的价格进行估值。

4.按照核心竞争力来估值。例如，社交类产品是通过用户的活跃度和留存率来估值，交易类项目可以通过付费用户或者市场资源来估值。

5.通过二级市场标的公司市值反推估值。虽然股权投资属于一级市场中的行为，但是根据二级市场标的公司的数据来反推估值，也是一种比较合理和有根据的做法。

二、初创阶段的估值

企业发展到初创阶段，一般商业模式已经成熟，此时需要高投入来提升市场占有率。这个阶段企业的特征是成立时间短、规模小、盈利能力不高甚至亏损。企业价值主要是由未来可能实现盈利这一点来体现的。

投资者在对处于初创阶段的企业进行估值时，主要考虑以下几个因素：投资者之间的竞争；企业的用户数量；企业的成长潜力；创始人和员工的履历和能力；所处的行业；知识产权；企业市场竞争力等。

三、成长阶段的估值

处于成长阶段的企业，已经有了比较稳定的现金流和完备的财务数据，收入增长也很快，投资人对处于这个阶段的企业进行估值时，会参考几个因素：企业创始人的格局；财务政策是保守还是激进；行业前景如何，等等。

对成长期企业进行估值，一般有三种方法："成本法""收益法""市场法"。

"成本法"是指在企业资产负债表的基础上，通过合理评估企业各项资产价值和负债从而确定企业价值。基本逻辑是，投资者在购买企业股份时，所愿意支付的价格绝对不会超过具有同等效用的全新资产的最低成本。

这种估值方法比较适用于不容易计算未来收益，市场上又很难找到交易参照物的企业，在风险投资市场和二级市场用得比较少，一般适合实业企业。

"收益法"是指通过估测企业未来预期的收益，并以适当的折现率折成现值，从而得出的企业价值。基本逻辑是，潜在的投资者在购买企业股份时，所付的代价不应高于所购买股份未来收益的现值。"收益法"在资本市场上并不是企业估值的主流方法，仅用于企业整体资产和可预测未来收益的单项资产评估。

"市场法"又叫现行市价，是指利用市场上同行业相同发展阶段企业近期的交易价格，经过直接比较或类比分析与估测企业的价值。基本逻辑是，投资者在投资某一企业时所愿意支付的价格，不会高于市场上同行业企业的现行市价。

"市场法"是企业估值中简单、有效的方法，能够比较客观地反映企业的市场情况，评估值更能反映市场的现实价格，估值结果易于被买卖双方理解和接受。在实践中，"市场法"这种相对估值法，最常用的有"市盈率法""市净率法""市销率法"。

目前，在国内的风险投资市场，"市盈率法"（P/E）是比较常见的估值方法，也是用得最多的一种估值方法。投资人是投资一个公司的未来，是对公司未来的经营能力给出目前的价格，所以他们用"市盈率法"估值就是：公司价值=预测市盈率（市盈率=股价/每股税后利润）× 未来12个月公司利润。

市盈率中的股价，是指那种上市公司的股价。"市盈率法"是从公司未来收益预期的角度去估计公司股票价格，市盈率越高，说明市场对公司增长的预期越高，是中国资本市场常用的估值方法。在估值过程中首先要确认市盈率的倍数，其次要预测未来的净利润。

投融资双方确认市盈率的谈判相对简单，与企业所属行业和发展阶段有关，投融资双方会根据公司所处行业和同类公司所处的发展阶段给出市盈率倍数。风险投资市场的市盈率倍数：A轮3~6倍；B轮5~10倍；C轮10~18倍。这只是一个区间，每个企业最终的估值都是由投融资双方谈出来的。

对于有收入但没有利润的公司，这种按照市盈率估值的方法就没有意义。比如，很多初创公司，很多年也不能实现正的预测利润，那么就可以考虑用"市销率法"来进行估值。"市销率法"大致方法和"市盈率法"一样，只不过与公司销售收入作为计算的依据而已。而"市净率法"是从公司净资产价值的角度去估计公司的价值。

此处的关键是企业家想把公司估值做大，要想获得比较高的资本溢价倍数，必须要会讲故事，向投资人讲述企业的成长故事。

投资人一般会从两个角度对企业家设计的成长故事进行估值，一个是定量部分，另一个是定性部分。定量部分就是根据公司的盈利情况、资产情况、市场占有率等财务指标对企业估值，然后根据行业平均水平和所处融资阶段对估值进行调整。这种根据财务数据进行的估值只能代表公司过去的成功，并不能代表未来的成长性。而投资者看重的不是当期，而是预期。因此定量部分的估值只是确定企业估值的一个基础，最终结果要根据定性部分进行调整。

定性部分包括商业模式、公司的历史高管团队的构成、项目背景、市场空间等，这些因素是投资人判断公司未来成长性的关键。在资本市场上成功融资的企业创始人往往会将自己成长故事中定性部分的关键要素向投资人展现。

故事可以这样讲，"公司的商业模式是以用户为中心的，能洞察用户的需求，对市场极其敏感；公司选择的市场潜力很大，是一个潜在的万亿级市场；而创始人志存高远并脚踏实地，企业管理团队的能力是互补的管理团队，已经持有公司的股权；创始团队非常专注，将产品或服务做到极致；商业模式已经在小规模市场下被验证，有机会在细分市场做到数一数二；具有在低成本情况下快速扩张的能力，非常有可能成长为行业的独角兽；而且公司已经有一定的市场占有率，引入风险投资后，公司将会实现快速增长”。

故事讲到这里基本上就成功了。投资者的反应往往是财务数据已经证明企业的商业模式是可行的；企业创始人有明确的战略思路，而且战略实现所需要的所有关键性稀缺资源都有了，这个时候再不进入，以后可能就没机会了，而且越早进入未来的投资回报率就会越大。于是，企业创始人就会以一个非常高的溢价倍数实现成功的股权融资。

如果企业是A轮融资，A轮的市盈率倍数一般是3~6倍。如果企业是轻资产的行业，投资人能给出的是6倍的市盈率，但是如果企业成长故事能够讲得成功，最终争取到8倍或者更高的市盈率都是有可能的。

投资人愿意以高出市场水平的估值倍数入股企业，是被企业创始人讲的成长故事所吸引，对企业的未来产生了美好的期待。但是如果企业创始人的故事纯粹是编造的，以“忽悠”的方式将投资人的钱圈到手里，投资人将会血本无归。

需要强调的是，一旦投资人决定将钱投入该企业，那么这个企业就不再是创始人一个人的，而是变成大家的。创始人对此一定要有充分的心理准备，并且要在此基础上熟悉资本市场上关于控制权安排的基本规则，这是融资最终能否成功的关键所在。成功股权融资的标志是在不过多丧失控制权的前提下，获取尽可能大的溢价倍数。

公司估值是投资人和创业者协商的结果，仁者见仁，智者见智，没有真正的公允值，重要的是创业者要理解投资人估值的合理性。另外，估值也会受到众多因素的影响，尤其是对于初创公司，所以估值也要考虑风投公司的增值服务能力和投资协议中的其他重要条款，这些对公司的长期影响要比估值条款深远得多。

时间不等人，市场不等人，投资人和创业者不应因为估值分歧而错过投资机会，投资方和融资方都应尽快找到适合自己的合作伙伴。

第3节　融资方式的选择

我之前说过，股权融资是民营企业融资的主要方式，也是帮助企业快速发展的重要手段。企业在实现IPO之前，也就是上市之前，通常要经历多个阶段的股权融资，这也意味着要面对不同的投资机构，用不同的融资方式来解决融资问题。

从公司成立到最终IPO上市，需要经过多轮的融资。我们一般把它分为天使轮融资、风险融资（VC）、私募股权融资（PE）、Pro-IPO融资和IPO上市这几个阶段。下面就和大家详细地分享一下不同阶段融资方式的选择。

一、天使轮融资

企业融资是一个循序渐进的过程，不同的发展阶段应采用不同的融资方式。企业在发展初期可采用的融资方式是种子轮融资和天使轮融资。

所谓种子期，是指企业项目还处于蓝图阶段，此时需要投入一定的资金，项目才能启动，因为项目没有实际运营，没有数据可以参考，因此投资人关注的重点通常是创始团队的能力。

在种子轮融资中，投资者通常是创始人本人或者创始人的家人、同学、朋友等，融资规模也比较小，通常在10万元到100万元，但也有些条件优越的项目在种子轮都能获得上千万元投资。

而对创业者来说，天使投资人就是天使一般的存在，因为他们总是在创业者仅仅只有一个想法的时候就全力支持创业者，是名副其实的天使。

而企业到了天使轮融资阶段时，通常已经有了产品雏形，也有了比较清晰的商业模式，有的还积累了一定的核心用户。但是企业的产品能否在市场上站稳脚跟，此时还是未知数，具有极大的风险和不确定性。因此，相比于其他阶段，找到天使轮投资人具有更大的难度和挑战性。天使轮阶段的股权融资一般为100万元到1000万元，出让的股权比例一般为15%~20%。

在寻找天使投资人之前，创业者首先要将自己人际关系圈中可能对项目感兴趣的人员名单都列出来。这个名单不仅包括潜在投资人的名单，还要包括那些在你创建公司和融资时试图向你提供帮助的人，以及那些对你的项目本身感兴趣的，这样做有助于你在融资之初打开融资范围。

考虑到人际关系由近到远，可以从朋友、同学、同行、融资阶段相近的人中寻找。除了这几类人之外，还有一些名声在外的天使投资人，创业者也需要重点关注。

确定了天使投资人的名单以后，你需要有渠道接触到这些投资人，最好的方法是找一个可靠的第三方推荐。

除了第三方推荐以外，报名参加创业孵化器路演也是拿到天使投资的重要方式。创业孵化器路演活动是指创业孵化器主办的，邀请多名大众创业导师、天使投资人作为嘉宾，由项目创始人报名参与的路演活动。路演时创业孵化器一方作为主持人，创业者负责对项目的市场前景、商业模式、团队情况进行讲解，创业导师、投资人会和他交流、探讨项目。

还有就是通过创投微信群，发需求信息找天使投资人。如果你在业内有一定的名气或者影响力，通过创投微信群寻找天使投资人，应该是一件比较容易的事情。

二、VC融资，也叫风险投资

风险投资与传统的金融服务有很大的不同。风险投资家的投资决策建立在对创业者手中持有的技术和产品认同的基础之上，不需要任何财产抵押，直接以资金换取创业公司的股权。

风险投资不需要抵押，不收取利息，也不需要偿还。如果投资成功，投资人就将获得几倍、几十倍甚至上百倍的回报。如果投资失败，投资人的钱就打了水漂。

对于创业者来讲，他们向风险投资机构寻求融资的最大好处在于：即使创业失败，也不会背上债务，这就使得一些没有资金积累的年轻人创业成为可能。总的来讲，几十年来，这种投资方式发展得非常成功。

在此之前，无论是在国内还是在国外，以风险投资方式进行投资早已存在，只不过那个时候还没有风险投资的叫法。

案例3

吕不韦是战国时期的一位普通商人，他遇到了一位对他一生影响深远的人，秦昭公的孙子——异人。秦昭王的太子是安国君，安国君有20多个子女，异人是其中之一。异人在秦国的地位并不高，后来被送到赵国当人质，日子过得很潦倒，做梦也没想到自己有朝一日能成为秦国国君。

吕不韦作为商人对利益非常敏感，一眼就看中了异人，并成功游说异人，对他进行“天使投资”。吕不韦辅佐异人成为秦国国君，异人则承诺事成后与吕不韦分享秦国的土地。

后来异人真的成为秦国的国君，也就是秦庄襄王。吕不韦的投资终于得到了回报，当上国君的秦庄襄王兑现了承诺，任命吕不韦为丞相，封为文信侯，河南洛阳10万户成为吕不韦的食邑，后来吕不韦成了秦王嬴政也就是秦始皇的仲父。

风险投资简称VC，从广义上讲，风险投资泛指一切具有高风险、高潜在收益的投资。通常投资给早期有潜力和成长性的公司，以等待公司最终上市或出售的方式获得投资回报。VC投资的金额会比天使投资高一点，一般分为多轮投资，如A轮、B轮、C轮等，每轮都会有领投基金和跟投基金。

VC投资的对象多数是处于创业期的中小型高新技术企业，投资期限一般是3~5年，会要求被投企业30%左右的股权，一般不会要求任何担保和抵押。有些投资人会要求和创始人签订对赌协议，这部分内容我们以后再讲。

由于这个阶段的企业已经有了清晰的盈利模式，部分企业也有了经营的数据，因此VC投资是建立在高度专业化和程序化的基础上的。这个阶段的投资者一般会参与到被投资企业的经营管理中，帮助创始人更好地经营企业，同时也会通过各种方式解决被投资企业以后的融资需求。

在现代社会中，依靠着VC运作，英特尔、IBM和微软等公司得到快速成长。在中国依靠着风险资本的运作，百度、腾讯、小米等公司快速成长。风险投资不仅成就了创业者，也为自己带来了上百倍甚至上千倍的回报。

案例4

2009年4月，张某等人在上海共同创立了某网上订餐公司，以移动互联网模式为用户提供网上订餐服务，为不同类型的餐饮商家提供互联网运营解决方案。

2011年3月，公司获得投资公司1的100万美元A轮投资；2013年1月，获得投资公司2、投资公司1的350万美元B轮投资；2013年11月，获得投资公司3、投资公司2、投资公司1的2500万美元C轮投资；2014年5月，获得投资公司4投资的8000万美元D轮投资；2015年1月，获得新一轮3.5亿美元融资。短短几年里，公司就获得了5笔资金。

2015年8月，公司获得6.3亿美元融资；2015年11月，获得某网约车公司战略投资；2016年4月，公司完成12.5亿美元融资。

至2016年12月，公司已覆盖全国1400多个城市，用户量超过1亿，加盟餐厅100万家，日订单量突破900万单。业绩高速增长，公司员工也超过15000人，持续保持外卖行业领先地位。

某网上订餐公司的创始人张某总结了自己的融资经验，给创业者提出了5个建议：

第一，融资时机并不是越早越好。创业团队应该先把商业模式打造出来，有一定的数据和竞争力以后再去融资，这样股权会稀释得更少。2011年“饿了么”开始第1轮融资的时候，商业模式已经比较清晰。

第二，产品好不怕资本寒冬。如果一种新产品能够被市场认可，并且可以复制，可以快速成长，风险投资就会很快进来。只要把你的产品做好，在一个区域内有很好的数据支撑，很多投资人都会来找你。

第三，A轮融资比后续轮融资更重要。A轮能否融到多少钱没有关系，你还有B轮、C轮，很多投资人会来帮你跟投，重要的是在A轮，条件要搭建好，要足够健康，而不要太苛刻。

第四，风险投资的根本是锦上添花，而不是雪中送炭。你发展不够好最终会被抛弃，你永远有增长的话，你就是受人追捧的项目。

第五，无论融资前还是融资后，业务都是核心，创业者要把更多的精力放在业务上，把用户体验做扎实，这样自然而然就会获得融资。

企业不是靠几轮融资就可以发展壮大的。在市场好的时候，创业者应该多融资扩大市场份额，争取在行业里面形成垄断，这是最重要的。

三、私募股权投资

私募股权投资也叫PE，主要投资已经处于成熟阶段但还未上市的企业。由于其主要投资成熟期的企业，因此盈利模式相对稳定，投资者主要通过被投资企业公开发行上市、售出或并购等方式退出。PE和VC的不同之处在于，VC投资的是早期成长企业，而PE投资的是后期成熟企业。

PE投资以后，投资者会通过并购来补齐产品短板，扩大企业的规模，有时还会对接资本市场等。用不同的杠杆把企业价值放大，因此对于被投资企业来说，获得PE融资不只是获得了资金支持，还意味着获得管理技术和市场开拓等方面的支持。

作为一种新兴的融资方式，PE融资的特点很鲜明：首先，PE融资采用的是非公开的私募形式，只吸收少数机构和个人参与；其次，PE融资的持续时间比较长，而且缺乏公开交易市场。这个特点决定了PE投资的流动性差，只适合高净值客户拿出闲散资金。例如，用资产总额的5%~10%进行投资。对投资者而言，PE融资的自主性不强，投资基金成立以后就要完全交给专业团队管理，体现的是对专业团队完全的信任和授权。

PE融资主要适用于成熟企业，也就是拟上市公司。PE投资者主要依靠IPO退出，因此他们更看重企业的短期盈利能力。投资者会通过参考这些企业已经得到市场验证的商业模式，以及企业的财务状况和财务数据等，最终决定是否投资。

在投资理念上，VC是基于团队和业务的成长性进行判断，PE则是基于成熟公司的潜在价值和现状之间的利益空间进行判断。因此，VC投资者一般不要求控股，也不会要求任何担保和抵押，同时会积极参与企业管理，帮助企业提升运营能力和业绩。而有些PE投资者是要求控股的。

从投资特点来看，很多传统的VC业务目前也介入PE的投资范畴，而传统上被认为是PE的机构也参与到VC的项目，因此PE和VC现在更多的只是概念上的区分，在实际业务上，两者的界限越来越模糊。

四、Pre-IPO融资

在IPO之前企业还经历一个融资轮次，那就是Pre-IPO融资。例如，互联网医疗独角兽微医，经历三次融资后，在上市前完成了5亿美元的Pre-IPO轮融资。此轮融资由友邦保险和新创建集团战略领投，中投中财基金跟投，融资完成后，企业估值达到55亿美元。

作为上市前的最后一轮融资，Pre-IPO轮的股权投资风险是所有环节中最低的。发展到这一阶段的企业，往往会吸引到数倍于投资规模的投资，通常也会选择之前合作过的投资机构，或者是能带来战略资源的投资机构。

对投资人来说，虽然Pre-IPO轮的投资风险非常小，但是这种融资方式容易推高企业上市前的估值，使企业上市后，因为之前的估值偏高而导致投资者的收益缩水，无法享受到企业成长带来的回报。

五、IPO上市

企业在经历了A、B、C、D等多轮次的融资以后，最终目的是IPO上市，让投资者获利退出。

IPO即首次公开募股或首次公开发行，支持企业通过证券交易所首次公开向投资者发行股票，以募集企业发展所需资金的过程，也就是我们常说的上市。

如果企业到了IPO阶段，就是一个共赢的过程。之前我说过的天使轮融资、风险融资、私募股权融资以及Pre-IPO融资等，都会在之前或企业上市之后获利退出。而企业的创始人也把自己的公司打造成上市公司，社会公众也可以通过购买公司股票分享公司的收益。公司本身也可以通过上市募资，把自己做大做强。这是一个多方共赢的结果。

但企业能够最终上市也不是很容易的，还有许多工作要做，这方面的内容我们以后有机会再分享。

第4节　如何规避融资的雷区

虽然股权融资能为中小企业解决资金问题，但是融资涉及金融、法律、财务、企业管理等多个领域，过程非常复杂，专业性比较强，所以企业在融资过程中要保持冷静和谨慎，理智选择投资者，慎重签署融资条款，尽量规避融资过程中的各种雷区。

如果投融资双方就股权融资事宜达成一致意见，双方就需要通过签署股权融资协议来明确各自的权利和义务。下面我就和大家分享一下，在和投资人签订融资协议过程中涉及的投资条款，稍有不慎，就会落入雷区。

一、对赌协议

“对赌协议”在融资条款中比较常见。它主要是投融资双方对融资企业未来发展情况的一种约定，如果融资方没能按照协议实现约定目标、利润没有达成业绩目标、没有按时上市等，那么就会触发对赌协议，投资方可以根据对赌协议中的条款行使一定的权利，比如估值调整、回购股权等，如果实现了约定的条件，那么融资方同样也可以行使相关条款。

对赌协议被业内人士称为“魔鬼协议”。它的核心在于，如果创业者不能完成一定业绩，就需要按照约定的计算方法向投资方支付货币补偿，向投资方转让股权或回购公司股权。也就是说，一旦公司经营不善，创业者就面临着破产或者失去公司控制权的风险。

案例5

某果公司成立于2012年，该公司规模很大，销售业绩在同类企业中占据领先位置。2015年12月17日，公司在引入投资者时，签订了对赌协议，约定了随售权、回购权、连带并购权、优先清算权等一系列的特殊权利安排。协议规定，应于2017年12月17日之前向证监会提交上市申请资料，且保证申报资料不能失效，否则投资方就可以恢复特殊权利。2017年3月29日，公司向证监会递交招股说明书，正式冲刺IPO。10月21日，证监会网站显示，公司IPO审核状态为中止审查。10天后该企业更新预披露招股书，公司IPO申请从“中止审查”恢复到正常审核。12月17日，公司对外表示，已经解除了与投资方的对赌协议，虚惊一场。

对赌协议在当下投融界已经见多不怪，在大众创业的热潮下，越来越多的初创企业为了成功拿到投资而接受对赌协议。

投资人为什么钟爱对赌协议呢？用一句话来说，对赌可以保护投资人的利益。如果创业者对赌成功，投资人可以赚钱退出；如果创业者对赌失败，投资人可以得到补偿，甚至占有创业者的公司，基本上能保证投资人旱涝保收，只赚不赔。这就可以粗浅地解释为什么投资人如此钟爱对赌协议。

根据以往的案例，对赌失败和终止的可能性在60%以上，在创业者对赌未成功的案例中，大约有90%都是协商解决的，只有很少一部分起诉到法庭上，也有很多创始人因为对赌输掉了自己一手建立的公司。

对创始人来说，一定要吃透对赌协议内容并懂得运用规则来保护自己的权利。在谈判过程中，企业可以尽量争取用柔性指标来代替硬性指标，比如用利润区间来取代硬性的指标数字。公司创始人要注意，对赌协议不是不平等协议，业绩目标达成后，要求投资方给予一定的现金或者股权补偿是合理的。

对赌协议在股权融资中比较常见，可以说是一把“双刃剑”，用得好能实现双方互利共赢，用得不好甚至会让自己丧失企业控制权。在实践过程中，创始人应该结合企业自身发展实际，慎重选用对赌协议。

我们的建议是：刚刚创业的公司不要签订对赌协议；在B轮融资以前不

要接受对赌条款，可以大胆和投资人说，投资创业公司本来就是风险投资，对赌意义不是很大。

二、一票否决权

“一票否决权”是指投资人对公司经营的重大事项拥有一票否决的权利，保证资金的合理使用以及企业的规范经营。也就是说，只要投资方不同意，公司就不能进行相应的变动。

“一票否决权”能降低投资人的风险，是风险投资协议中使用非常广泛的条款。这项条款赋予了特定股东、董事否决的权利，也就是某项决议只有经过特定的股东或董事同意后方能生效，这使得持股比例不高的股东也能在企业事务决策上发挥决定性作用。

之所以会在投资协议中设置一票否决权，是因为没上市的企业一般日常信息披露会比较少，投资人无法全面掌握企业的日常经营情况，因此在签订协议时会要求设置一票否决权。

合理使用一票否决权可以解决投融资双方信息不对称的问题，还能形成良好的制约平衡机制。但在实际情况中，一票否决权其实也有很多负面作用。

一票否决权所涉及的范围通常包括：高管任命、预算投资、子公司权益处理等。

对被投资的企业来说，当投资人要求获得一票否决权的时候，可以限定一票否决权的使用条件。比如，在给一票否决权的时候，可以规定当公司需要融资的金额达到某个规模的时候，投资者不再享有一票否决权。这就避免了投资方因为担心自身利益受损而滥用一票否决权，进而影响公司的融资计划和后续发展。

对创始人来说，是否给投资人一票否决权，可以根据企业目前的融资阶段和股权比例来衡量。很多天使轮阶段的投资人，不一定要求一票否决权，因为这时候的投资人在企业中占有的股权比例不大，他们也不会用一票否决权来保护自己的利益。

创始人当然希望一票否决权的使用范围越小越好。在早期发展阶段的时候，最好不让投资人享有一票否决权。而对投资人来说，自然是希望能够在关乎企业发展的重大问题上享有一票否决权，以此来维护自己的利益，这其中的矛盾和冲突就需要双方通过谈判来解决。可以在签署协议书之前寻求专业人士的帮助，而不是等协议签完后再打算修改一票否决权的内容，因为此时企业会比较被动，投资人也不会轻易接受修改的意见。

创业者也无须过于害怕投资人的一票否决权。聪明的投资人都知道公司的成功依靠的是创业团队，即使他们拥有一票否决权，也不会否决那些对公司发展有利的重大决策。

三、领售权

“领售权”也叫强制出售权，一般是指公司在一个约定期限内没有实现上市，而投资人有权要求主动退出，并强制性要求公司创始人股东和管理层股东与自己一起向第三方机构转让股份。如果你的投资人要求这项权利，你必须慎重考虑权衡，此次融资是否值得你冒如此大的风险。

大家可能想不通，退出的投资人只要把自己的股份卖掉就好，为什么要求其他股东一起卖？理由很简单，当公司的上市预期不明朗，投资人试图退出时，就只能将股权转让出去，很多大公司对收购创业公司的少量股权根本不感兴趣，多数时候会要求整体收购，如果没有领售权，投资人的少数股权就很难卖出去，所以会要求领售。

案例6

某知名餐饮公司创始人张某在2008年引入投资，投资人在与公司签订的投资协议中列明了股权回购条款和领售权条款。条款规定，如果公司不能在2012年年底前上市，那么投资人有权以股权回购的方式退出知名餐饮公司。

后来经过几番努力，公司始终无法按时上市，于是投资人启动了股权回购条款，但此时公司没那么多资金回购股份，于是投资者启动了领售权条款，也就是向第三方转让其持有的公司股份。

根据领售权条款，一旦投资人启动领售权，即使张某不愿意，她也不得不把自己持有的股份以同样的价格和条件卖给第三方。后来，公司被吸收合并，张某在将其持有的少数股份抵押给银行后，就离开了公司董事局。

通过上述案例，我们可以看出，一旦触发领售权条款，企业创始人就很容易陷入不利的局面。

从原则上说，应对领售权的最好方法就是拒绝接受该条款。因为一旦接受就会受制于投资人，只不过程度有所不同而已。如果你迫不得已接受了该条款，那么可以采取以下措施制约投资人。

首先，拒绝所有股东都能单独发起领售权，建议半数以上投资人和创始股东同意才能发起领售权。

其次，提高触发领售权条款的股权比例。触发领售权条款的股权比例越高越好，如必须是全部或者2/3以上私募股权要求实施领售权时，该条款才能被触发。

再次，创业者还可以限制领售权启动的时间。投资人有领售权，不能在投资一年或两年内就使用，约定交割五年后才能启动领售权。

最后，可以确定企业出售的最低价格。投资人行使领售权的时候不能以过低的价格出让公司股权，以免影响企业原股东的权益。

四、董事会席位

在一般情况下，为了保障投资人自己的利益、监管公司的运营，投资人会在投资之前要求进入董事会，占有一定数量的董事会席位，获得公司重要经营决策的投票权。有这样一句话，“好的董事会不一定会造就好公司，但是，不好的董事会一定会毁掉公司”。

在融资协议的条款中如果约定董事会席位，董事会席位最好是奇数，避免决策时陷入投票僵局。另外，给予投资人的董事会席位越少越好。在早期融资中，创始团队应当占有绝大部分的董事会席位。

在和投资人签订的投资条款清单中，还有其他几项内容需要重点关注：

第一，估值的计算方式。要和投资人明确公司的估值是投前估值还是投后估值。

第二，有无约定清算优先权。清算优先权是指在触发清算条款的情况下，投资人有优先清算的权利。

第三，反稀释条款，也叫价格保护机制。企业在发展过程中会进行多轮融资，不可避免地会对股权比例带来影响。前一轮投资者为了保障自己的公司股份，不会因为后续融资而减少，就会规定发行股份的价格需要协商确定，那么前一轮投资者可以通过获得额外的股份来保障自己的权利不会被摊薄。

第四，股份回购权，是指投资人在特定的条件下，比如没有按照协议中约定的时间上市，投资人可以要求企业或者创始人购买他们持有的股份。

第五，共同出售权，也就是说，一旦企业创始人或者管理团队出售其股份，那么投资人有权要求购买人以同样的价格和条件收购自己的股份。

以上就是我和大家分享的在签订融资协议过程中，有可能会涉及的一些雷区。融资协议中有许多投资条款，如果创业者没有融资经验，在签订融资协议时很容易吃亏。所以，企业需要对协议的核心条款和常见条款非常了解，以此来排除融资协议中可能存在的问题。

第5节　投资人青睐的股权结构

企业的股权架构设计关乎企业的控制权、利益分配等核心问题，也影响着企业融资是否顺畅。中小企业在融资时，投资者往往会非常关注企业的股权架构，因为股权架构会影响企业的长期发展，并最终影响投资者的投资收益。

如果将企业比作一棵树，那么股权结构就是大树的枝干，只有股权架构合理，企业才能成长为参天大树。

对投资者来说，他所看重的是投资企业能否盈利。而合理的股权结构是保证企业顺利发展的重要因素，股权结构就成为投资者作出投资决策的重要参考要素之一。想要设计出更让投资人青睐的股权结构，我们要从两个方面着手：一是投资人最看重企业股权结构的哪些重要因素；二是在融资过程中股权结构设计原则是：避免大权旁落。

我们要知道投资人最看重中小企业股权结构的哪些要素。总结起来，投资人要投资一家企业，对于股权结构的考察，主要归于以下三个要素。

一、是否有靠谱、格局大、有凝聚力的创始人

很多中小企业为了吸引投资人，在网上查找各种商业计划书的模板，然后挑灯夜战，写出自认为可以吸引投资人的“商业计划书”。事实上，投资人拿到商业计划书后，往往不会看你激动人心的项目介绍和市场分析，而是直接跳到股权结构这一块。

为什么投资人要直接查看企业的“股权结构”。因为通过股权结构可以看到企业创始人的胸怀与格局。真正有长远发展眼光的创始人，才会设计出

合理的股权结构。对此，我的建议是，创始人作为创业团队的核心，应持有企业绝对控股权或相对控股权。

绝对控股权的持股比例是超过2/3，也就是67%；相对控制股权是过半数，也就是51%。还有一个比例叫一票否决权，持股比例是34%。这三条股权控制线是企业重要的生命线。企业创始人一定要非常了解，才能在此基础上设计出合理的股权结构，才会被投资人所认可。

二、预估未来成长"瓶颈"，设立股权激励的股权池

在欧美一些国家，股权池被认为是初创企业发展的关键因素之一。硅谷很多企业会将公司全部股份的10%~20%作为股权池。对员工来说，股权池可以激励他们努力工作，只要自己达到奖励标准，就能享受股权所带来的利益；而对投资人来说，一方面，股权能激发员工的工作热情让企业更好地运转；另一方面，股权池会降低被投公司的估值，对投资人十分有利。

所谓股权池，就是企业创业初期预留出来的一部分股权。投资人看到你的股权结构里有预留股权池，那就说明你对企业未来发展的预判是合理的。从早期投资人的角度看，投资人一般比较喜欢这样的股权结构：创始人占有公司50%~60%的股权；联合创始人占有公司20%~30%的股权；预留股权池占有公司10%~20%的股权。这样可以保证创始人对公司的控制权，也为合伙人预留了合理的股权空间，还为股权激励预留了股权池。这样的股权架构相对合理，有利于企业融资及发展。

如果企业的股权已经全部分完，没有预留足够的股权，就会导致后入职的高级人才要求股份却没有可分配的股权，而不得不稀释原始创业团队的股份的情况，这对企业的发展非常不利。投资人肯定不愿意投资这样没有未来的企业。

三、保证合伙人的背景经验与融资项目契合

如今是一个"合伙闯天下"的时代，所以企业在设计股权结构时，要突

出“合伙人”式的股权结构设计。合伙人的持股比例直接反映出一个创业团队是否对企业的发展有清晰的认识。比如，以某技术产品导向为核心的企业，核心股东应该是销售合伙人合适还是技术合伙人合适。对此，我们的建议：在设计股权结构时，要根据项目的特点，科学合理地评估每个合伙人的优势和价值。要保证合伙人的背景、经验与融资项目相契合，然后划分合伙人的股权比例。

每个合伙人的股权比例取决于四个因素：创始人身份、发起人身份、出资额度和岗位贡献。

影响最大的是创始人身份，这类人应独占一定比例的股权。在创业项目发起时，创始人往往是创意的来源，是创业项目的牵头人。创始人对自己的创业项目具有使命感，如苹果的乔布斯、腾讯的马化腾。在股权分配比例上，参考值是25%，根据早期发起人的多少可以上下浮动10%。

发起人身份应当获得的股权比例低于创始人身份，发起人身份的股权应当是均分的。最好以公平的原则进行分配。一起创业的各个合伙人无论职务大小，出资多少，一律平均获得该配额的股权分配，发起人身份股权比例一般为10%左右。

出资额度对股权分配的影响在于，全职发起人中提供现金或者渠道资源等可以获得额外股权，不包括外部的天使投资或种子投资。这部分股权比例的额度应当按照发起人实际出资比例进行分配，这部分股权比例应该不超过20%。

岗位贡献是指发起人所在的岗位能给公司带来的预期业绩贡献。只有全职创业的发起人才能够获取这部分股权，这部分比例一般为45%。根据发起人的职位和公司业务导向，确定发起人各自应得的股权，可以在均分原则上进行浮动调整。

企业按照贡献值进行股权设计时，需要分析各个因素所占的权重，寻找到一个各方都满意，并且有利于公司治理和发展的平衡点，并以此为核心进行股权架构设计。

这样的股权分配比例是比较合理的，既能体现对人才的重视，又能考虑到早期发起人资本投入的情况，避免传统股权架构分配中让出资比例决定股权比例的弊端。

企业在进行股权架构设计时，不能只注重眼前利益，而要着眼于未来，这样才能让企业发展得更好，走得更长远。

投资人在看企业的股权结构的时候，他有原则，就是这种股权结构设计要避免大权旁落。对于投资人来而言，最不理想的股权结构就是，企业创始人团队对企业失去控股权。但令人感到遗憾的是，很多中小企业至今对这一点都没有深刻的认识。

在很多中小企业创始人看来，只要能拿到融资，控股权就可要可不要，这为企业以后的经营埋下了隐患。所以，中小企业在融资时，除考虑上述投资人注重的股权结构因素外，还要遵循的一大原则就是保持控股权。

创始人之所以要保持企业的控股权，其实是为了保护自己的利益。要知道，很多企业创始人在创业时除了想挣钱之外，还投入了自己的理想，希望能做出一番事业。而对投资人来说，他们愿意为你的企业投资，主要就是为了赚钱。

创始人应该坚持的原则就是，保持对企业的控股权。就拿回购股份来说，如果最后企业的盈利没有达到和投资人签订的“对赌条件”，企业就要连本带息回购股份。这对于历经艰难将企业做大做强的企业创始人来说，如同签订了“卖身契”。一旦这样的情况发生，企业的控制权就会花落别人家，而创始人多年辛苦的打拼可能就会前功尽弃。

当然，不可否认的是，并不是所有的中小企业老板都有理想。很多老板创立企业可能仅仅是为赚钱，所以在融资时就会将眼前的利益放在第一位，而忽视控股权。

被投资方掌控的创业企业，很难保持创业初心，最后的结果恐怕也只是沦为棋子。所以，不管我们当初创立企业的目的是什么，为了理想还是为了赚钱，在融资的过程中，都不能丢掉对企业的控股权。

投资者在考察项目时，之所以对股权架构非常重视，是因为股权架构直接决定了企业的行为和绩效，会对自己投资后的收益产生重大影响。事实上，对企业来说，不管是否需要融资，都应该选择并设计一个适合自身的股权架构，这对企业的长远发展是非常有必要的。

企业处于初创期，股权结构要做到可收可放，可进可退，创始人拥有67%或者更多。创始人不仅要拥有防御权，还要有进攻权。在企业运营过程中，涉及命运前途的大事，如兼并重组、修改章程，需要创始人拍板，避免扯皮，耽误最佳时机。

企业处于发展期，如果企业发展态势较好，投资者认为企业有前景，自然会愿意投资。而企业想进一步发展壮大也需要资金注入，这时企业可以设立持股平台：一方面吸引投资者，另一方面也激励人才。此时的持股平台可以是有限责任公司，也可以是有限合伙企业。

扩张期的股权结构设计要做到防御性统筹，创始人拥有1/3以上的股权比例。就像上面说到的，企业经过两次融资进行扩张后，创始人要保留企业的控制权，就要持有1/3以上的股权，对合并重组、修改章程等重大事项可以一票否决。

最后是成熟期，当企业发展到成熟期时，创始人手中的股权已经历了多次稀释，此时创始人可以通过多层级的持股平台设计或者通过协议方式，控制投资者的表决权比例，维持自己对企业的控制权。

在创始团队比较完整的情况下，投资人会重点关注团队的股权结构。一个健康的股权架构，不仅可以反映创业公司的现在，还可以看到公司的未来。所以，创业团队在融资之前需要有一个健康的股权结构，尽可能将股权结构设置成有利于公司发展同时也是投资人乐于看到的形式。

第6节　融资如何不丧失控制权

股权融资对企业而言是一把“双刃剑”，它可以给企业带来发展所急需的资金、资源和人脉，但也潜藏着风险。公司控股股东在同投资人签订协议前，要客观评估公司的成长能力，千万不要为了获得高估值的融资额，做出不切实际的业绩保证，以免失去公司控制权。

风险投资能赚钱，但是也能赔钱。很多人看到上市公司创业者和风投赚了很多，却没看到很多创业者、投资人的投入血本无归。风险投资能够成就企业，也能够把企业拉入无底深渊，某电子商务公司就是一个令人惋惜的例子。

案例7

某电子商务公司起步很早，抓住了互联网发展的机会。当公司融资问题提上日程时，投资人蜂拥而至。经过数轮的资本介入，创始人的股份被不断稀释，李某成为最大股东，掌控了公司的话语权。

上市前夕，公司董事会内部却出现了严重分歧，分歧主要集中在IPO的价格。IPO的定价只有10美元左右，而当时公司的私募价格已经达到了每股9美元。投资人认为，如果以10美元每股价格上市，那么后来进入的投资人也会无利可图，前期的投资就无法迅速套现，这是让他们难以接受的。

大股东李某建议推迟上市，等待纳斯达克回暖，但最后还是错过了时机。2001年9月中旬，公司宣布和电商网合并，时隔不久，该电子商务公司进行清盘，自此正式宣告消亡。

某电子商务公司最终落此下场，可以说，他背后的风险资本会有不可推卸的责任。退一步讲，即使创业者在投资人的帮助下，最终获得发展壮大，也是要付出一定代价的。

企业早期进行股权融资的时候，公司的估值和股价通常会比较低。随着公司的发展壮大，估值和溢价会越来越高，融资过程中对股权的出让额度会越来越低，对创始人股权的稀释效应也在递减。因此，公司创始人要把控好融资过程中的平衡，既要确保公司发展所必需的现金流，也要兼顾公司控制权不丧失。

通常，按照正常的融资路径，一个公司从创立到上市需要进行五六个轮次的融资。公司每一阶段融资出让股权比例的大小都会对后续投资人的进入和股权出让产生直接影响。

一般在天使轮出让股权比例，建议比例为10%~20%，越低越好，尽量不要超过30%。这样创始人才能占据主动权。后续融资，每轮股权出让比例根据投资人的出资额度具体来定，一般处于递减状态。最关键的一点，创始人对于公司的发展和融资情况要有几个总体的提前规划，要充分考虑到伴随股权的不断稀释所产生的公司控制权争夺，并作出相应的预案和相应措施。

案例8

2010年，某线上平台公司创始人于某从某保险公司融资8000万元，但出让了某线上平台公司80%的股权，从此丧失了对公司的控制权。后来，某保险公司将线上平台公司控股权转让给某连锁超市公司。随着和某连锁超市公司的对赌失败，于某黯然离场。

从这个案例我们可以看出，企业创始人为了不让自己辛苦创业的硕果被他人摘取，就必须要时刻警惕，牢牢把握公司的控制权。

融资前，创始人一定要先巩固对公司的控制权，主要是通过公司的三层治理结构来控制公司。

一般来说，企业的三层治理结构是这样：最高的权力机构首先是股东会，其次是董事会，最后是管理层。

股东会由公司股东组成，各个股东按照所持股权的比例对公司重大事件作出决策。我国境内的公司可以分为有限责任公司和股份有限公司。根据《公司法》的相关规定，股份有限公司严格实行一股一权的原则来行使表决权。有限责任公司，虽然通常也是按照出资比例来行使表决权，但股东可以在公司章程中约定，不按出资比例来行使表决权。

董事由股东投票选出或者是委派产生，股东投票权的大小决定了他在董事选举方面的话语权。代表自己利益的董事越多，就越可能掌握公司的董事会，在我国，一个董事享有一票表决权，每个董事都是平等的。

管理层是指总经理、财务负责人等高级管理人员，他的任命和解聘事项是由董事会决定的。控制了董事会，就对企业管理人员的选任有了发言权和决定权。可见在企业整个治理结构中，最核心的是股东会和董事会。

对企业创始人来说，要想巩固自己对企业的控制权，主要是从股东会和董事会的层面入手。

股东会是按照股权所对应的表决权的数量或者比例来进行决策的，通常股东会需要表决的事项，包括普通决议和特别决议。普通决议一般只要求有代表股权总数过半数的股东同意即可。

特别决议就是公司对特别事项作出的决议，如变更公司章程、增加或者减少注册资本，公司合并、分立、解散等，特别决议的形成要求比较严格，一般要有代表股权总数2/3的表决权通过。

如果企业创始人拥有公司50%以上的股权，那么他对企业的决策就有了很大的主动性。同时，没有他的同意，企业的特别决议事项就无法通过。

然而，企业在不断发展，也需要不断地融资，创始人所拥有的股权很难一直维持在50%以上。要想加强对企业的控制，创始人还需要综合利用其他方法。

为了保持对公司的控制，创始人可以将股权中的表决权和收益权分离，让表决权归集起来，交由企业创始团队行使。例如，某企业创始人在融资后只有30%的股权，也就是说只有30%的表决权，但是他把其他创始股东和部分投资人的表决权归集在一起，就有了50%以上的表决权，从而再次控制了企业。

让表决权从其他股东的股权中分离出来，主要有三种方式：投票权委托、一致行动协议、AB股计划。

投票权委托，是指公司的部分股东通过协议约定，把他的投票权委托给其他特定股东行使，一般是公司的创始股东。

一致行动协议也叫一致行动人协议，是指通过协议约定，某些股东就特定事项采取一致行动。在投资人拒绝委托投票权的情况下，创始股东之间，也可以加上部分投资人，可以签署一致行动协议。在行使提案权、表决权等股东权利的时候，签了一致行动协议的股东就可以跟随创始股东作出相同的决议，从而巩固创始股东在公司的控制地位。

AB股计划中所谓的AB股，其实就是同股不同权，是指将具有投票决策能力的股权保留在创始股东手里，融资的那部分股权的投票权非常微弱，投资人几乎没有决策权，只有分红权。具体来说，可以把公司股票区分为A类股和B类股，A类股通常由机构投资者和公众股东持有；B类股通常由创业团队持有，A类股和B类股设定不同的投票权。比如，谷歌，将A类股每股设定1个投票权，B类股每股设定10个投票权。

事实上，我国有不少在美国上市的公司，如京东、百度等，都是通过AB股方式实现创始人对公司的实际控制的。

还有一种取得公司控制权的方式，即通过有限合伙企业持股（持股平台）来控制公司。

有限合伙企业的合伙人分为普通合伙人和有限合伙人。普通合伙人执行合伙事务，承担管理职能，而有限合伙人只是作为出资方，不参与企业管理，只能取得分红。创始人担任有限合伙的普通合伙人，其他股东为有限合伙人，按照法律规定，有限合伙企业的有限合伙人不参与企业管理，从而达到创始人控制合伙企业，进而控制公司的目的。

讲完创始人在股东会层面对公司的控制以后，我们再讲讲创始人在董事会层面如何维持控制权。

董事会是有限责任公司和股份有限公司的经营决策机构，向股东会负责。在企业的架构中，股东会虽然高于董事会，但是其并没有直接干预董事会日常经营管理的权利。在多数情况下，企业的事务和业务均在董事会的领导下，由董事会选出的董事长具体执行。因此，企业创始人除了加强对股东会的控制之外，还要通过董事会来抓住企业的实际经营管理权。

在实务中，创始人主要是通过在公司章程中设置限制性条款来加强对董事会的控制。主要包括设置辞退条款、增加更换董事的难度、限制董事任职资格以及对董事的产生方式设置限定条款，等等。

1. 设置辞退条款。例如，某公司章程中规定，“董事由股东大会选举和更换，任期三年。董事在任期届满以前，股东大会不能无故解除其职务，除法定事由和章程另有约定外，股东不能提出罢免或撤换现任董事的议案”。

2. 增加更换董事的难度。例如，在公司章程中约定，“如果要更换董事，那么每年只能更换现有董事名额的1/4或1/3”。通过这样的规定，即使投资人手中的股权已经能够控制公司，他们也很难对公司董事会做出实质性改组。

3. 限制董事任职资格。这是指在公司章程中规定董事的任职条件，以提高进入董事会的门槛，增加投资人进入董事会的难度。比如，董事长必须从连续任职三年以上的董事中产生，等等。

4. 对董事的产生方式设置限定条款。董事一般是经过股东（大）会选举产生的，当然也能够通过股东委派或者董事会提名产生。企业创始人可以将对自己最有利的董事产生方式写进公司章程里。

公司控制权的最后一个层面：管理层控制。创始人在经营中需要看管好代表公司控制权的印章。

在我国的法律框架下，公司的法定代表人通常是由公司董事长或者总经理担任。法定代表人有权在法律规定的职权范围内直接代表公司对外行使职权。他的行为属于职务行为，视为公司行为，造成的任何法律后果都由公司承担。

公司印章是公司对内管理、对外交往的信物，公司在某一特定的文件上加盖公司印章，一般就代表公司真实的意思表示。因此，加盖了公司印章的文件、合同、信函等一般推定为公司意志的体现。也就是说，公司法定代表人在合同上签字盖章后，公司行为就受到了合同的约束，不过这一切行为发生的前提是公章没有被恶意使用。

对一家初创企业来说，一般公司董事长、总经理和法定代表人都是企业创始人，不太可能出现公章失控的现象。但是，在公司有数位联合创始人的情况下，公司就要重视法人和公章的控制问题，以防当联合创始人之间发生冲突时，出现公章使用不当的情况。

当企业的创始人已经失去了对公司的控制权以后，如何补救呢？可以通过管理层收购的方式来拿回公司控制权。

管理层收购是指公司创始人团队购买公司股份，实现对公司所有权结构、控制权结构和资产结构的改变，将管理者和所有者、经营者身份多重合一，重新主导公司的一种收购行为。

发展中的公司因为成长的需要，非常渴望外部资金进入，所以不惜以极高的股权成本获得融资，甚至出让控股权和公司控制权，最终导致创始人被清洗出局。造成这种结果背后的原因，一般都是由于公司创始成员对股权架构重视程度不够，或者是太在意项目前期的发展，出让了太多股份，导致后期翻船，原本的股权融资变成引狼入室，反受其害。

我们建议：公司控股股东在同投资人签订协议前，一定要充分认识到协议条款对公司控制权的影响，要客观评估公司的成长能力，不要为了获得高估值的融资，做出不切实际的业绩保证。同时，创始人一定要在股东会、董事会以及公司管理层面，实现对公司控制权的掌控。在创始人持股比例过低的情况下，可以通过表决权与收益权分离的方式，实现对公司的控制。

第7节　尽职调查需要关注的内容

尽职调查是股权融资过程中必不可少的环节。对投资人来说，在和企业初步达成合作协议以后，需要对企业进行一次完整而且清晰的调查，以此来决定是否进行投资。而对需要融资的企业来说，为了提高融资的成功率，需要了解尽职调查的意义、步骤和各项细节，并针对尽职调查做好充分的准备。

尽职调查又称审慎性调查，通常是指投资人对目标企业的历史数据、管理人员的背景、市场风险、管理风险、技术风险、法律风险做全面深入的审核。内容包括：公司的背景与历史、公司所处的行业，公司的营销、制造方式、财务资料与财务制度等相关问题。

尽职调查对项目的投资决策意义重大。详尽准确的尽职调查将帮助投资人了解企业情况，减少因双方信息不对称产生的诸多问题，调查结果将成为双方奠定合理估值并建立深入合作的基础。另外，尽职调查会对目标公司的单据、文件等进行系统调查，这本身又是一个保存和整理的过程，无论是对日后的管理还是对其他运营都有很大的帮助。

对融资企业来说，需要做的就是配合投资人做好准备工作，提前梳理好投资人需要调查的文件，并且确保内容详尽真实。如此一来，就可以加快投资人的调查进度，企业也就能早日拿到投资。

一般来说，尽职调查开始的时候，投资人会给企业一份详尽的调查清单，里面的内容虽然看起来很多，但其实最主要的就是下面几个部分：

第一部分是公司基本信息。包括注册文件；公司章程以及修改的文件；股东会和董事会会议记录和决议；历史交易，包括并购重组以及其他已经完成的重大交易；政府批准证书和许可；股权架构信息；董事高管名单；子公司、分公司和代表处的相关材料。

第二部分是财务信息。包括之前12个月的收入清单；资产负债表、现金流量表、月度经营状况、预算和实际情况、销售和毛利润、应收账款、应付账款等。

第三部分是资产、知识产权和设备。包括自有和租赁不动产的清单；自有和租赁其他财产清单；专利权、商标权、著作权、域名权和其他知识产权清单。

第四部分是重大合作。包括经营合同；和债权人之间的关联协议；关于并购重组和重大资产处置的合同；其他向潜在投资人披露经营和财务状况所必需的重大合同备忘录；与员工和股东之间的竞业禁止协议和保密协议；与财务顾问之间的协议、信贷协议、抵押协议；等等。

第五部分是企业诉讼。调查企业是否有尚未完结的诉讼以及企业之前是否有诉讼等。

尽职调查的具体内容主要覆盖融资公司的运营、规章制度及有关契约、财务等方面，其中业务、财务和法律这三个方面是调查的重点。这也是企业需要重点关注的地方。

关于业务方面尽职调查

业务调查的范围比较宽泛，因为每个投资人都有自己调查的侧重点，有的调查者会要求翻阅客户名单来了解销售情况，有的会要求查阅企业内部治理的量化指标，还有的会查看企业业务规模化的证明。

案例9

投资人在考察某连锁酒店时，通过和员工交流可以了解酒店的运营状况，员工对酒店的满意度以及酒店在人力资源方面的竞争力等。投资人在正常运营时间里随机访问酒店，可以看到酒店的真实业务量，通过观察员工在正常工作状态下的服务态度和服务水平，可以考察酒店的业务流程设计、员工的培训状况和酒店的经营管理水平等。

在实际操作中，投资人实地走访酒店是在企业安排下进行的，他们依然会从专业的角度进行观察，以此来判断企业的运作风格和经营理念，同时对企业的销售业绩、采购成本、回款能力等进行核实。

案例10

投资人调查某软件公司时，在了解用户数据和流量以后，感觉这个企业的用户规模已经到了“瓶颈”期，用户没有意向购买升级版本，而这与企业的保守预测相接近。这一调查结果让投资人的投资信心产生了动摇，然而经过更深入的调查，投资人发现这个软件公司在新领域开发出一个新的市场空间，而这绝对是值得投资的领域。

所以，针对不同类型的公司，投资人了解的内容和方向也不同。

财务方面调查。财务尽职调查，是指专业的财务和会计人员针对目标公司的财务情况及其他影响因素等进行调查。财务尽职调查一般所使用的方法包括实施财务文件审阅；对高管及骨干员工进行访谈；对历史财务数据进行分析，并最终以书面形式向投资人报告公司的财务及税务风险以及实际的经营状况。

财务尽职调查的工作主要围绕着人们关心或有利益关联的商业活动和相关财务数据而展开，最终目的是协助投资人消除财务上的信息不对称，对目标公司有更深入的理解。

财务尽职调查的重要作用主要体现在以下三点：一是充分揭示目标公司的财务及税务状况，规避可能的财务风险；二是分析公司以往的获利能力及现金流；三是了解目标公司的资产及负债、内部控制、经营管理的真实情况，为后续的交易谈判、投资决策及制定并购后的商业规划打下坚实的基础。

再说说法律方面尽职调查。法律尽职调查，是指专业的法务及律师团队对目标公司的企业资质、资产和负债、对外担保、重大合同、关联关系、纳税、环保、劳动关系等一系列法律问题的调查。

法律尽职调查的重要作用主要体现在以下三点：一是全方位了解目标公司的法务状况，从企业资质、资产状况再到合同情况、劳动关系，规避可能的法律风险，是交易中的一张“法律安全网”；二是分析公司以往的法律问题以及处理能力，评估是否有潜在的法律风险及诉讼案件存在；三是充分了解目标公司的担保及负债、纳税记录等情况。以法律风险作为考量标准，协助后续有关风险及义务方面的交易谈判。

股权融资的法律尽职调查，主要目的是确定目标公司股权或资产的法律状况，发现目标公司的潜在法律风险。对于在法律尽职调查中发现的风险，需要尽量在签订投资协议前予以排除。如果无法排除，也需要要求目标公司在交割前完成特定事项，或要求目标公司或其股东对相关事项作出承诺和保证。

通过法律尽职调查及上述救济措施，可大大降低中国企业及股权投资的法律风险，对暂时无法排除的法律风险，也可事先准备应对预案，或在有约束力的法律文件中约定，在法律风险发生时寻求补偿。

投资人可以将法律尽职调查报告与财务尽职调查报告、商业尽职调查报告综合考虑，确定是否对目标公司进行投资、投资金额是否需要调整、在有约束力的法律文件中是否需要增加相关条款，等等。

尽职调查的流程比较烦琐，投资人通常不会急于下结论，而是在综合考虑各方面情况后，再给出投资与否的决策。

创业者需要投资人的资金、资源来发展自己的事业；投资人需要找到合适的项目让自己手中的资本升值。因此，创业者和投资人是互惠互利的关系。对企业创始人来说，挑选投资人的重要性不亚于挑选合伙人。好的投资人能给企业插上腾飞的翅膀，帮助企业取得快速发展。

对企业创始人来说，需要注意尽职调查的以下四个关键点。

第一，要选择偏好长期在某个领域投资的投资人。因为投资人长期专注于某个领域，就会在这个领域积攒丰富的经验和资源，非常清楚企业的成长途径，能够预测企业的规模化过程。同时也能得到最前沿的产业情报，有助于企业顺利成长。

第二，不要轻信所谓的未来。有些投资人在投资某家企业的时候，会对企业创始人做出各种承诺。遇到这种情况时，企业创始人要提高警惕，虽然有些承诺很有吸引力，但有时只是投资人为自己争取利益的手法。

第三，和已经接受投资的企业家聊聊天。那些优秀正直的投资人会很乐意向企业创始人展示自己曾经投资过的企业名单，创始人可以和那些企业的管理层聊聊天，从而获知投资人的投资风格和投资后的管理水平。如果投资人拒绝提供已经投资过的企业名单，那么企业创始人应该有所警觉。

第四，不执迷于一时的得失。对企业创始人来说，不要刻意为了较高的估值而选择不合适的投资人。好的投资人所带来的影响会远远大于估值，也不要为了提高企业的估值而设计烦琐的投资条款，这样会吓退很多投资人。

创业者和投资人之间是长期合作的关系。为了确保合作顺利进行，投资人会对创业企业做尽职调查，而企业的创始人其实也要对投资人做反向调查，这是对自己负责、对他人负责的表现。反向尽职调查包括：

第一，投资人的真实意图。对于不熟悉的投资人，企业创始人可以询问他的投资范围和资金来源。如果投资人回答得比较含糊，那么创始人就应该提高警觉。另外，有些投资人会不厌其烦地了解企业和行业信息。遇到这种情况，有可能是投资人正在投资企业的竞争对手，或者是投资人自己准备进入这个行业。为了避开这种陷阱，企业不但要对投资人做背景调查，还要主动提出问题，从而判断投资人的真实意图。

第二，了解其他被投企业对投资人的看法。企业创始人可以和其他接受过投资人投资的创业者进行交流，目的是确认投资人是否值得信赖，是否能保持长期合作。通常可以向接受过投资的企业咨询的问题包括：投资人是否值得信任；投资人对企业的关注程度如何；除资金外，他们还能提供什么帮助；他们介入企业业务的程度如何；他们的退出时间和退出方式对企业是否有伤害；企业遇到困难时，他们是如何做的；在后续融资这件事上，他们能提供多大的帮助；等等。如果以上问题的答案是令人满意或基本令人满意，则表明投资人是一个好的合作伙伴。

第三，投资人的投资经历。如果投资者的投资经验足够丰富，在相关行业或领域具有丰富的资源，那么就可以给企业发展提供很大助力。相反，如果投资人是个新手，没有什么投资经验，那么双方的合作很可能会产生很多问题，企业会遭遇很多波折，甚至投资人会半途撤资。

第四，了解投资人的审核时间和审核条件。如果投资人的审核时间长、审核条件苛刻、资金量不高，而且很难保证必要的追加投资，能提供的资源和帮助也比较少，被投资过的企业对他们的评价不高，那么需要融资的企业就可以考虑寻找其他投资者了。

由于尽职调查涉及的内容繁多，对实施尽职调查人员的素质及专业性要求很高。因此，投资人往往会聘请专业机构，如管理咨询公司、会计师事务所及律师事务所等协助调查，为其提供全面的专业性服务。对被投企业来说，也需要寻找专业人员参与其中，才能与投资人处于平等的地位，避免处于被动地位。

第8节　什么是成功的融资路演

在融资过程中，路演是非常重要的一个环节。路演就相当于融资公司和投资者之间的桥梁。对接得好，融资才有更进一步的可能性；对接得不好，那么一切就到此为止了。

那么，如何进行融资路演？路演都应该准备什么？注意什么？有什么技巧等？这些问题就摆在了创业者面前。我给大家分享一下融资路演的内容。

路演，顾名思义，是在马路上进行的演示活动。早期华尔街股票经纪人在兜售手中的债券时，为了说服别人，要站在街头声嘶力竭地叫卖，路演一词就是由此而来的。发展到现在，路演已经不仅仅是为发行新股而进行的推介活动，现在盛行项目和融资路演。

路演的内容主要包括：一是项目来源。介绍痛点，用数据的形式体现出来。二是解决方案。介绍解决方案的优势，用图形方式展现出来。三是运营状况。该项目运营的数据。四是行业分析。行业的发展情况及前景分析。五是竞争分析。竞争对手的发展优势是什么？六是商业模式。变现的途径有哪些？表达出企业的制造价值和传递价值，用价值链图表示。七是财务分析。该项目财务数据是什么样子的？你的现金流量图表达的数据有哪些？八是未来发展。发展规划是什么，近期的工作重心是什么？九是融资方案。融资的金额是多少？用途是什么？十是出让股权。出让股权的占比是怎么划分的？

成功路演的PPT[①]都是设计出来的。如何设计你的PPT呢？路演PPT要在

① Microsoft Office Power Point，即微软公司的演示文稿软件（幻灯片）。

短短几分钟内吸引投资者的兴趣，因此简洁清晰成为路演PPT的必要原则。

PPT的设计有很多技巧：第一，封面。图片的选择要切合项目本身，一句话概括你的项目，主讲人姓名及联系方式。第二，动画。要项目需求才有，不能随便添加，这样会影响到你的演讲进度。第三，图表。根据项目本身的情况设计图表的形式。第四，结束。最后一页不要写谢谢观看或感谢聆听，一定要展示你的姓名及联系方式。

路演过程也有很多技巧。要了解路演规则。路演一般是5分钟，每场路演的细节不一样，一定要吃透规则，练习在短时间之内把所有内容讲完；着正装出席；放松心情，不要压力太大；翻页笔、话筒、倒计时、大屏幕等设备一定要熟悉；注意语速、语调、重音、停顿。

在路演过程中，上台时一定要表现出自信，面带微笑；开场的方式很多，可以情景剧开场、幽默开场、视频短片等方式，根据项目不同可以自己设计；内容的衔接一定要强，过渡一定要自然，顺序展示逻辑性；一气呵成、不拖泥带水；收尾一定要自信，要起到画龙点睛的作用。

上面讲的技巧都是形式上的东西，但路演最核心的部分是内容的设计。路演内容做得精彩，有以下几个要素。

一、有一个大愿景，然后把这个愿景扩大10倍

你需要有一个吸引人的愿景：告诉投资人你想要把你的公司带到哪里。这点非常重要。但不得不说的是，首次创业的人通常想的愿景都比较小。但我要告诉你的是，无论你的愿景是什么，请把它放大，并且让它变得更加吸引人。只有大愿景才能吸引投资人。你又怎么知道自己的愿景足够大呢？一开始，当你在融资路演时表达自己愿景时可能会感到一些紧张，甚至会有些不安，但随着时间的流逝，你就会习惯更大的愿景，而且之后你也会发现，若你的愿景足够大，会刺激你努力奋斗。

二、详细解释你会如何使用投资

当你的投资人给你投资成百上千万美元时，通常会询问你会如何使用这笔投资。如果此时你说，“我们会把投资资金的一半用于市场营销，另一半用于工程开发”，那真的是一种非常不靠谱的回答。

你需要一个详细的财务模式，而你的宏伟蓝图至少要规划到未来三年，其中不仅要包含你的运营成本，还要包含你的收入增长、利润以及潜在利润。最重要的是，你需要了解不同部门如何使用资金，再理想一点，了解每一个商业项目如何使用资金，而如果你已经有了一个可预知投资回报率的营销策略，如投资1美元，回报5美元，也需要详细地向投资人解释。

此外，当潜在投资人评估你的公司时，如果你有一个准确的财务预测，可能会帮助你规避一些风险，特别在你第一次创业或是在寻求天使投资时。请记住，你能规避的风险越多，获得风险投资的机会也就越大。

三、比任何人都了解你的创业指标

如果你的公司采用的是订购模式，那么就需要了解用户获取成本、客户终身价值、净流失率、用户转换率、客户数量、收入比率和毛利润等。对于其他类型的公司，指标可能会比较简单。你需要准确知道自己目前和未来的业务指标，同时对于一些还没有实现的目标，你需要告诉投资人自己会采取什么样的方法，一步步实现。

四、尽量将主路演时间缩短

融资路演通常分为两部分：主路演和辅路演。在主路演阶段，你需要做PPT演示，告诉投资人你的创业故事，展示你的创业指标，团队成员以及发展愿景。在辅路演阶段，还需要播放一些配套的幻灯片，辅路演就是对主路演分开细说，起到辅助主路演的作用。你的路演需要控制在多长时间呢，通常来说，你需要播放30张到60张PPT。

五、公司不是靠资金，而是靠人发展起来的

最好的公司都是靠一群有天赋、有能力的人创建出来的。在你路演的时候，至少要用一张PPT来介绍你的团队，告诉投资人他们的与众不同之处。你有一帮出色的工程师吗？展示你麾下的人才，让投资人知道他们为你的产品做了哪些事情。你的高管团队都是来自顶级公司的吗？你需要给每个高管做一个简单的个人介绍，包括他们曾经在哪些企业工作，各自负责什么样的工作。

比如，你的销售主管曾经负责建设过规模较大的高效销售团队吗，如果有过这方面的经验，就把它展示出来。还有，你的首席技术官在他之前的公司负责过可扩展系统的开发并支持千万级的用户量系统吗？如果有，都可以展示给投资人。

投资人很清楚，每个创业者都有竞争对手。通常，强大的团队会构建出好的产品和品牌，最终赢得市场。如果你有一支强大的团队，那就毫不犹豫地展示出来吧。如果在讨论公司愿景的时候，你手下的团队成员还不成熟，那么也不要着急，你可以告诉投资人自己在获得资金支持之后，会采取什么样的招聘策略，并招募一些什么样的人才。

在招募人才的时候一定要有信心，并尽可能地构建一支出色的团队，在路演的时候，要把这种决心表现出来。此外，对于团队中的缺点也不要掩饰，但要把重点放在团队的优点和强项上面。

六、谈一些痛点，再告诉投资人自己是如何解决的

所有出色的融资路演，都是先从一个故事开始，然后介绍某个行业痛点，再给出自己的解决方案，到最后的公司愿景。因此，在路演的时候，一定要确保提到自己产品所解决的那个最初行业痛点。你是如何无意中发现这个痛点的？你为什么要解决这个痛点？你的解决方案是最好的吗？当你募集

到资金，就能帮助更多人解决这一问题吗？等等。这些都需要在路演中提及。

七、产品要有竞争力，事实胜于雄辩

无论你的公司是否产生收入，都需要向投资人展示出你的产品已经拥有一定的竞争力。正如前文所提到的，如果潜在投资人认为你公司的风险越小，那么你就越有可能获得投资。

如果你已经产生收入，并且发展速度很快，那么一定要在路演的PPT里面展示出来。如果暂时做不到这一点，那么在所有的业务指标里面找一个最具发展潜力的展示出来，如用户总量、照片上传总量等数据。你可以制作一张图表，来展示这些指标的发展路径，并且告诉投资人，如果能够获得资金，这些指标将会得到更快的发展，并帮助你的公司获得收入，增加利润。

八、多经历，让你的路演越来越好

在你第一次路演结束时，确保要有一个答疑环节，这可以帮助潜在投资人了解你的公司业务指标数字，以及你的竞争优势。对于投资人提出的问题和反馈，你都需要做好笔记，并且在下次路演时做好解答。

如果在你每次路演的时候，都能牢记上述8个要素，那么三四次之后，你就会发现自己在路演时出现的问题会变得越来越少，你的路演水平也在不断提高，同时在演讲时也会得到更多积极的反馈。你可以把自己想象成一个富有魅力的超级演说家，最大可能地激发潜在投资人对你的公司产生兴趣。

简单地说，融资路演就是对投资人讲一个成长性的故事：我们要干件大事（我们要干啥）；我们集结了几个牛人（我们是谁）；现在已经有点小成就了（案例和数据）；甲、乙也在做，但我们更强（比竞品好）；投资我们能赚很多倍（增长、再增长），现在投我们很合适（融资方案）。故事讲到这里基本上就成功了。

投资者的反应往往是：财务数据已经证明企业的商业模式是可行的，企业创始人有明确的战略思路，而且战略实现所需要的所有关键性稀缺资源企业家都有了，这个时候再不进入以后可能就没机会了，而且越早进入，未来的投资回报率就会越大，于是企业创始人就会以一个非常高的溢价倍数实现成功的股权融资。

总结来说，创业者路演要概要性地介绍公司或者项目目前状况；核心团队成员，强调团队梯队互补性；有清晰的项目定位；能解决的用户痛点；已有的项目成果，证明项目价值、市场潜力的素材；社会报道，名人推荐；如何分配资金，有清晰的运营策略。同时，尽可能找到提供投融资服务的机构，让这些机构为您制作完美的商业计划书，进行线上路演推介和项目报道，进行资方对接、融资辅导，同时这些机构还有着大量的合作投资机构，经验丰富，融资成功率高。

第9节　股权融资有哪些坑

企业在融资之后，千万不要以为拿到钱就万事大吉了，有时候，创始人一不小心，就可能栽跟头。所以，看看前人都踩过哪些地雷，创业者才能巧妙躲开陷阱。

案例11

余某创立了某互联网二手交易平台公司。公司的定位是女生二手交易平台。2015年至2016年，公司完成第一轮融资、第二轮融资、第三轮投资。融资大多数用于市场的占领和新用户的拓展，所以钱“烧”得很快。投资人先是催促公司快速增长业务，也就是拓展客户，但是钱快“烧”完了，又要求停掉市场投放。公司资金紧张，创始人余某心理压力很大，到处跑投资。正因如此，导致余某身体被透支，无法全力管理公司。

在创始人短期没办法管理公司、没钱发放工资的现实情况下，第二轮领投的股东周某提出，由其接手公司，承诺注资，保证员工工资和用户正常提现，但条件是余某将股份转让给周某。面对如此条件，余某却已没有谈判的筹码，为了公司的存续和员工，接受了该条件。

我们看看余某创业踩过的坑。

第一，股权结构不合理，没有合伙人团队。某互联网二手交易平台公司股权结构不合理。除了余某以外，其他都是投资人，没有合伙人和员工持股。在这个合伙创业的年代，一个人单打独斗创业是难以想象的，余某在公司就是一个人在战斗，她身边居然没有一个合伙人。超负荷的工作、超出自己能力的工作已经把她的身体拖垮了。

第二，股权融资失控。余某没有对公司股权进行规划，没有统筹考虑股权融资、股权稀释与公司业务发展的节奏衔接，疲于找钱救急，公司股权融资完全失控。

第三，权责不对等的投资协议。在签订第二轮融资股权投资协议后，余某认为协议对投资人有法律约束力，认为投资款会如期而至。实际上，第二轮的投资款始终没到齐，不仅导致公司资金链断裂，还导致下一轮融资无法进行。

无论是创业者还是投资人，都应该有契约意识，有纠纷还是要依靠法律来维权，但前提是投资协议要完善。那么，企业的创始人在股权融资路上都可能出现哪些坑呢?

一、急于融资，出让过多股权给投资人

拿到融资是一件令人羡慕和振奋人心的事。但这可能导致创业者急于求成、急功近利而失去理智，是否真的需要融资、找谁融资是最佳方案、出让多少股权等基本问题都没有想好就开干，结果只能是一团糟。

根据过来人的经验是，如果有能力坚持，就最好给自己留足韬光养晦的时间，拿到的融资越晚越好（但要提前做好融资准备）。因为随着公司的不断发展和市场的扩展，公司的估值也可能不断升高，这个时候再融资便简单了许多（因为基础足够扎实，更容易成功），也不会给风投过多的股权，你也有足够的筹码。永远要记住，不管什么时候风投的目的只有一个：得到回报，最好是源源不断的利益。

二、过早的业务扩张

融资带来的最致命的一个影响是不熟悉的扩张。创业公司往往在拿到融资之后，在客户真实认可产品之前，就花许多的资金做营销活动。不熟悉的扩张是创业失败的首要原因。

融资成功很容易让那些初次创业者自信心爆棚，以为自己的商业模式完全得到了认可。虽然获得融资确实是一个里程碑，可是它并不意味着成功。创始人需要知道的是，只有获得一个可扩展的商业模式，加上可重复的销售过程，他们才可以肯定自己的公司是一个可持续发展的公司。

三、过度的股权稀释

即便你刚刚完成了新一轮的融资，你公司的真实价值也未必上涨。但是一旦你拿到了钱，公司所承载的期望一定会暴涨。如果你没有能力抓紧壮大自己，就会不得不让出更多的股权给投资人。

在某些时刻，你的股权被稀释到你可能再也没有动力带领公司发展事务，因为不管你怎么努力，利润都被投资人分去了。资本可能带你的公司腾飞，却不一定能够帮你牢牢把握控制权。

四、投资人过多干预公司事务

有些创业者在寻找融资时，并没有明确地向投资人说明为什么他们需要这笔钱，以及他们这笔钱会带来什么样的盈利收益，这是非常危险的做法。因为任何投资人但凡给你一分钱都是想要在你的公司里有自己的发言权，他们会非常重视你把钱花在什么地方。

如果能够创造收入，那么结局是皆大欢喜的。但如果钱用在了错的地方，生产力并没有取得显著提高，也无法提高产品的知名度，那么批评者还有法务都会来拜访你。为了防止这种状况的发生，创业者和投资人一开始就需要开诚布公地谈判，并建立问责和绩效制度。

五、融资带来超支

融资会给公司带来巨大的动力，你总算获得了足够的资源来执行你的方案。聘请CTO[①]、在广告上投入更多的钱，其他相关的费用都会增加。或许会给你增加额外的一支小团队，又或许给你现有的创业成员增加一笔年终奖金，这一切都是融资前你根本不会去考虑的工作。

当你仔细查看银行账户时，你会发现数字不断变小，而其他人依然以为公司有许多资金。他们开始等待每天的午饭，更好的团队活动。创始人的压力可想而知。所以作为创业者，你要有效地管理团队成员的期望，要把钱花在刀刃上。

以上这些坑，已经有无数的人踩过或绕过。有的人挣扎着爬起来了，有的人则跌倒了。前事不忘，后事之师。如何避免被同样的石头绊倒？

投资人是资本家，资本的贪婪在这个创业时代背景下被展现得淋漓尽致。正走在创业路上的小伙伴必须与“狼”共舞之时，应当如何引以为戒呢？

第一，尽可能要合伙创业。在当今社会高速发展的背景下，社会分工精细，一个人所掌握的知识和能力是非常有限的，创业仅靠一个人的力量是不够的，必须合伙创业。

第二，做好股权规划。创业者必须做好公司股权规划，通过股权横向规划和纵向规划，明确哪些人参与分配股权及如何分配股权，明确在公司的不同发展阶段释放多少股权额度及如何释放股权等，衔接好股权融资金额与股权稀释速度、公司业务拓展的节奏，量力而行。

第三，确保公司控制权。伴随股权融资，投资方获得企业的一部分股权，必然会导致企业原有股东对公司控制权的稀释，甚至有可能丧失实际控制权。

高成长性公司在发展过程中，公司创始人有可能会进行多种形式多轮次的股权融资，在引进资金的同时，创始人手中的股权也会被一再稀释，有些甚至会失去对公司的控股权。

失去控股权并不可怕，可怕的是失去公司控制权，公司控制权的丧失是

① Chief technology officer，即首席技术官。

股权融资给创始人带来的最大风险。失去对公司的控制权，创始人可能无法再准确把握公司的发展方向，甚至可能会导致由其一手打造的公司垮掉。

案例12

某汽车平台公司成立于2005年，早期是一家小公司。直到2008年，A公司看好并入股该汽车平台公司，以7500万美元换取了55%的股权。在资本扶持以及正好赶上中国汽车增长的高发期，公司迅速地发展壮大起来。2016年6月底，A公司达成与某保险公司的股权交易，某保险公司持有某汽车平台公司47.4%股权，成为单一最大股东。保险公司接手后，某汽车平台公司原有的管理层出局。

所以，创业者要掌握公司控制权。除了股权要控股以外，还可以通过一致行动人协议、投票权委托、AB股计划、控制董事提名权以及通过有限合伙制的持股平台来增加对公司的控制权。

第四，完善投资协议条款并做好应急预案。创业者应高度重视投资协议。在协议中明文约定投资人打款时间、逾期打款的违约责任、超过期限未打款解除协议等条款。客观来讲，如果投资人和创业者不对等，将上述条款写进投资协议并不是件轻而易举的事，投资机构一般不接受这种约束。因此，在投资款到账前，创业者要有心理准备，对于公司资金的使用要有充分的预计和应急预案。

第五，一定要聘请专业人员。拿到钱的创业者很容易沉不住气，一不小心就开始膨胀，从而忘了自己的使命。毫无疑问，投资人期望在最短的时间内取得最大的收益。投资者是非常复杂的，他们会有许多奇怪的条款，期望以他们的方式来签订合同。最好请专业的律师为你把关，协助你去商洽达成一个公正的交易。

参考文献

[1] 马永斌:《公司治理之道》(第二版),清华大学出版社2019年版。

[2] 马永斌:《公司控制权争夺与安排》,清华大学出版社2019年版。

[3] 马永斌:《市值管理与资本实践》,清华大学出版社2018年版。

[4] 仲继银:《伟大的公司》,企业管理出版社2020年版。

[5] 何红旗:《股权的力量》,当代出版社2018年版。

[6] 郑指梁、吕永丰:《合伙人制度》,清华大学出版社2018年版。

[7] 桂曙光、陈昊阳:《股权融资》,机械工业出版社2019年版。

[8] 张力:《律师谈公司治理》,社会科学文献出版社2019年版。

[9] 廖连中:《企业融资》,清华大学出版社2020年版。

[10] 陈皓:《合伙人时代》,广东经济出版社2019年版。

[11] 赵民、张泓翊、仇德涛:《股权激励实操手册》,人民邮电出版社2019年版。

[12] 张诗信、王学敏:《合伙人制度顶层设计》,企业管理出版社2019年版。

[13] 胡礼新:《中小企业股权激励实操》,中国铁道出版社2019年版。

[14] 杨晓刚:《股权激励一本通》,人民邮电出版社2020年版。

[15] 康至军:《事业合伙人》,机械工业出版社2019年版。

[16] 郭勤贵、耿小武:《股权设计》,机械工业出版社2018年版。

[17] 李善星、刘海颖、钟丽:《股权顶层设计》,经济科学出版社2019年版。

[18] 李春佳:《股权合伙整体解决方案》,中国经济出版社2018年版。

[19] 全联军:《股权一本通》,清华大学出版社2019年版。

［20］姚宇峰、谢洁：《股权激励整体解决方案》，中国经济出版社2018年版。

［21］倪云华：《合伙人与合伙制》，人民邮电出版社2019年版。

［22］胡华成、马宏辉：《合伙人》，清华大学出版社2020年版。

图书在版编目(CIP)数据

企业股权实务操作与案例精解 / 张志峰著. —北京：中国法制出版社，2022.12

ISBN 978-7-5216-2678-0

Ⅰ. ①企… Ⅱ. ①张… Ⅲ. ①股权激励—公司法—研究—中国 Ⅳ. ①D922.291.914

中国版本图书馆CIP数据核字（2022）第075019号

策划/责任编辑：刘 悦（798489332@qq.com） 封面设计：周黎明

企业股权实务操作与案例精解

QIYE GUQUAN SHIWU CAOZUO YU ANLI JINGJIE

著者 / 张志峰

经销 / 新华书店

印刷 / 三河市紫恒印装有限公司

开本 / 710毫米 × 1000毫米 16开 印张 / 17 字数 / 248千

版次 / 2022年12月第1版 2022年12月第1次印刷

中国法制出版社出版

书号 ISBN 978-7-5216-2678-0 定价：68.00元

北京市西城区西便门西里甲16号西便门办公区

邮政编码：100053 传真：010-63141600

网址：http://www.zgfzs.com **编辑部电话：010-63141819**

市场营销部电话：010-63141612 **印务部电话：010-63141606**

（如有印装质量问题，请与本社印务部联系。）